INTELLECTUAL
PROPERTY

一本书
玩转IP

新媒体下的新商业法则

张　亮/著

中华工商联合出版社

图书在版编目（CIP）数据

　　一本书玩转 IP/张亮著．--北京：中华工商联合
出版社，2017.6
　　ISBN 978 - 7 - 5158 - 2007 - 1

　　Ⅰ.①一… Ⅱ.张… Ⅲ.①网络营销 Ⅳ.
①F713.365.2

　　中国版本图书馆 CIP 数据核字（2017）第 120370 号

一本书玩转 IP

作　　　者：张　亮
出 品 人：徐　潜
策　　　划：李红霞
责任编辑：侯景华
封面设计：周　源
责任审读：李　征
责任印制：迈致红
出版发行：中华工商联合出版社有限责任公司
印　　　刷：廊坊市印艺阁数字科技有限公司
版　　　次：2017 年 8 月第 1 版
印　　　次：2022 年 6 月第 2 次印刷
开　　　本：710mm×1000mm　1/16
字　　　数：190 千字
印　　　张：14
书　　　号：ISBN978 - 7 - 5158 - 2007 - 1
定　　　价：52.00 元

服务热线：010 - 58301130
销售热线：010 - 58302813
地址邮编：北京市西城区西环广场 A 座
　　　　　　19 - 20 层，100044
http：//www.chgslcbs.cn
E—mail：cicap1202@ sina.com（营销中心）
E—mail：gslzbs@ sina.com（总编室）

目　录

1

第一章

精准营销，如何给 IP 定位

1. 掌控流量分配才能打造最强 IP

2015 年，根据数据显示，自媒体人的生存状态是，超过 60% 的自媒体人，月营收不足万元。自媒体营利模式到底在哪里？很多人在琢磨利用传统的公关软文去盈利，还疯狂地拉广告分成和打赏，然而这两种基于流量变现的收入并不大。这些自媒体经营者也一肚子苦水：谁让我们影响力小呢？的确，**大部分自媒体无法盈利或盈利不足，根本原因在于自身的影响力欠缺，如果有一定的影响力，即便是公关软文、广告、打赏的收入也会相当可观。**

自媒体盈利状况不佳的根本原因是没有属于自己的最强 IP。

如今，IP 已经成为了一个洗脑式的名词，在不同的圈子里疯狂传播，而且每个圈子都有自己的解读。那么，到底什么是 IP？从字面上看，IP 是 "Intellectual Property" 的缩写，直译为 "知识产权"。可在不同的语境中，"IP" 并非只局限于著作权和工业产权两个内容，说法不一。不过有一个很实用的判断标准，**那就是真正的 IP 能够仅凭自身的**

1

吸引力，不受制于单一平台的束缚，能够在其他多个平台上获得流量。

"不受制于单一平台"指的是能够在多个平台继续发挥影响力，比如央视一套播出的抗日剧，单论收视率可能会高于《花千骨》和《琅琊榜》，但它成不了 IP，因为它一旦流传到网络上，年轻的受众群体点击量锐减。

既然 IP 能在多个平台生存发酵，可见它的自由度是相当高的。在微博时代，IP 内容的生产者非常自由，能通过一些碎片化内容进行信息传播，不过这种平台下的 IP 传播又由于公开性、无私密性受到掣肘。**到了微信公众号时代，情况发生了变化，微信公众平台将以往的流量争夺过来，让微博、网站等其他内容平台不得不思考一个问题：要么跟进，要么被抛弃。**

2015 年下半年，中国互联网的巨头，三大门户和百度、QQ 等都将流量分给了自媒体，于是在互联网上，很多内容生产者赢得了超过平台方的流量分配权。换句话说，在自媒体时代，制作者更加自由，可以一稿多投而不必担心自己被拉进黑名单，这恰恰符合了 IP 的显著特征：多平台，自由度。

"微博＋微信"构成了现如今自媒体的主要战场，目前很多微信上起来的知名自媒体，都不再满足只局限手机 APP 这块阵地，而是将自己的内容在各个平台上全面铺开，走一条"微信＋微博"两条腿走路的路线。虽然这种套路无懈可击，但并不是哪个自媒体都能吸引和分配到流量，即便是重量级的公众号也如此，比如十点读书、哲学人生网这些大号，其真正优秀的原创内容也不是很多，只是因为涉足较早成为了大号，可替代性也较强，存在着一定的运营风险。相比之下，商务范、毒舌电影这一类的公众号，不仅拥有优质的内容，而且与众不同，得到了粉丝的追捧，充分保有了流量。**这些真正掌握了流量分配权的内容生产者，就是自媒体中拥有最强 IP 的例子。**

由此可见，单一内容、单一平台的自媒体都存在着发展的瓶颈，这个瓶颈就是无法真正掌控流量分配权，这些自媒体或者过于专注营销和传播方式，或者忽略了受众的偏好追求，而没有用心经营自己的原创IP，导致了流量的不稳定。

如今，很多投资方都对自媒体的原创IP产生了兴趣，这并非是资方对内容本身有了关注，而是对流量分配权的看重。无论是过去还是现在，各个平台上争夺的都是"流量分配权"。从这个角度来看，**自媒体中的IP具备能产生优秀内容的鲜明特征，而正是凭借这些内容才能在各个平台上分发甚至引流。**

造成自媒体难以掌控流量分配权的另一个原因是，不少自媒体的制作者在布局方面走入了一个误区：他们只专注一个平台，却没有意识到平台上的红利越来越薄，风险越来越大，更重要的是，他们没有凭借分配流量为自己打造IP，反而扼杀了IP产生的土壤——多元化生存能力。

门户网站时代持续了差不多8年的时间，搜索时代维系了5年，后起之秀微博和新兴之秀微信持续了两三年，而现在的平台局势是多元化的，流量分配权不断更迭替代，这场争夺战也变得越发残酷和持久，内容生产者要想笑到最后，只有在内容制造本身上下功夫才行，同时还要避免在单一平台的苦战，要实现在多个平台赢得口碑和影响力，聚集新的粉丝群体。

那么，**流量分配权靠什么争夺？自媒体原创IP。于是新的问题来了——自媒体IP如何才能产生，一个是新奇的话题，另一个就是情感共鸣。**

所谓新奇的话题，就是不过时、有强烈争议性、容易引起人们关注的内容；所谓情感共鸣，包含了共同回忆和共同敌人两个因素。

寻找话题是一个需要经验积累的工作，它不需要自媒体有多么丰富的资源，只需要内容制作者时刻关注当下热点就能做到。相比于制造话题，情感共鸣更依赖于内容制作者的情商，因为它要具备"共同回忆"和"共同敌人"两大构成元素。以引起无数"80后""90后"群体回忆高潮的《大圣归来》为例，它本身是一个最强IP，其成功之处在于能勾起和唤醒人们对国产动漫的喜爱和追捧，同时在宣传期间还树立了《小时代》为"假想敌"，引发了不同受众群体对两部电影的对比和评价，既制造了话题又引起了情感共鸣，所以吸引了大批的流量，聚合了人气，充分展示了最强IP的影响力。

和全媒体、传统媒体相比，自媒体更多地带有个人情绪和个人观点。在微博时代，囿于平台140个字的限制，不可能出现有深度报道的内容，而且大众是紧跟明星走的，草根微博要想拼杀出一条血路难上加难，加之微博是开放性的，人们不愿意发表具有一定深度的意见，否则会遭到网络"喷子"的围攻和亲朋好友的侧目相向。**微信时代的自媒体就不同了，它拥有强大的影响力，这是由于朋友圈的新时代群体营销决定的——它是一个半封闭的圈子，私密性和公开性融合得恰到好处。**

2015年《港囧》上映前，徐铮将票房收益权以1.5亿元的价格卖给上市公司，目的是为了给自己保底，至于对《港囧》的票房有如何的预期，徐峥讳莫如深，于是马上有公众号撰写了一篇《泄露了徐峥心中的"票房底裤"——9亿》。文章一出，追读者甚众，引来了可观的流量，形成了强大的影响力，致使徐峥主动和公众号进行沟通并修改了他的宣传计划。这个事例可见自媒体营销的影响力，而那篇名噪一时的文章，就是自媒体的超强IP，它具备了原创性、自由性和多平台传播性的特点，从而在手机端和PC端都造成了巨大的轰动。

无论是自媒体还是互联网其他平台的内容制作者，都应该以打造原创IP为出发点，以争夺流量分配权为手段，一旦拥有流量这把"尚方宝剑"，才能让原创IP成为最强IP，从而维系二者相辅相成、互惠共生的关系。

2. 解决受众的痛点，为 IP 打开门路

多么牛叉的 IP，最终瞄准的目标都只有一个——用户（受众）。IP 是吸粉神器，但它并不是洗脑工具，受众不会因为某个 IP 的存在而忘记他们要承受的痛点。

痛点和爽点，一直是人们津津乐道的话题，抓住爽点，消灭痛点，一款完美的产品或者服务就诞生了。二者相比之下，痛点更为重要，因为它决定着受众的耐心、承受力和宽容度。从这个角度看，痛点是先于 IP 效应被受众感知到的，不能妥善解决它，IP 就像开进废墟的重型坦克，前无进路。

不论是哪一类产品或者服务，它的成长都是要以受众为中心来设计，受众的体验始终放在第一位，而产品的生产者要以受众的视角去思考问题，如果抛开受众，把自己的需求当成受众的需求，所生产出的产品必定是失败的。作为产品本身都有属于自己的原则，通常我们称它产品策略，这些都是产品制造者需要尊重和重视的，切勿让受众在体验产品的过程中产生痛点，一个看似无足轻重的痛点，很可能让受众最终拂袖而去。

IP 是一种"高大上"的营销策略，也可以看成一种产品包装手段，它能够强化产品的卖点，提升受众的关注度，在某种程度上可以弱化产品自身的痛点，增强受众的体验指数。不过，IP 绝不是"去痛片"，在没有从根本上解决受众痛点的前提下，滥用 IP 往往会适得其反。

还记得曾经被大炒特炒的一加手机么？由韩寒做代言，是典型的名人 IP。然而没有解决受众的痛点，这个超级大 IP 也成了无效 IP，变得十分尴尬了。

那么，手机用户的痛点是什么，是希望在购买前最充分地了解手机

的特性，而不是被厂商堆砌的一堆无效数据所洗脑。如果说一加手机外观出众，为何不来一次选美，请韩国帅哥美女做代言卖个颜值呢？现在用了韩寒，定位就出现了混乱，用户不知道这款手机买了之后装的是文化内涵还是情怀文艺。

而事实上，手机是刚需产品、国内消费能力迅速增长、人均年更换率越来越高……这些特征才是手机市场的现状，而用户的痛点也隐藏在这个大环境中。

一加手机没有抓住用户的痛点作为创新的动力，没有唤起用户的购买欲望。当众多粉丝和观望者想迫切了解一加手机的性能和卖点时，在发布会上看到的却是铺天盖地的广告和眼花缭乱的灯光，粉丝们没有感受到类似小米那样用参与感消除用户痛点的诚意，反而是被韩寒满满的文艺范弄得不知所以然，名人 IP 的作用十分有限！难怪有人吐槽：我关注的是手机，不是看韩寒的秀！

事实证明，无论是多么超级的 IP，都只是产品附加的属性而非核心，只有真正理解用户的痛点，以痛点为中心去设计并优化产品才是王道。换句话说，IP 这个附加效应要依托"去痛效果"才能实现价值最大化。

以微信为例，不少人都体验过微信群的功能，有的时候群聊内容很多，需要用户从上次看到的内容开始看起，期间要滑动无数次……这个过程相当痛苦。经过改良之后，微信有了信息提示导航的功能，比如你有 100 条未读记录，点击后会定位到上次阅读的地方，这就是在了解用户痛点的基础上的成功解决方案。痛点消灭了，用户才能认可产品，IP 才能合理地发挥其效能。

从 2016 年开始，文化产业对 IP 的追捧最为火爆，比如未上线就引起广为关注的《魔兽》，创造了中国首映以来的票房奇迹，显然是跟"魔兽"这样的超级大 IP 有关的。也正是因为魔兽的火爆，更多从业者认准了 IP 的市场价值，纷纷在院线电影、电视剧、网络剧、网络电影等多个领域投放购买的 IP，希望能获得可观的回报。

其实，这种满城尽谈 IP 的热闹景象，并不能掩饰住一个真相：很多人对 IP 并不了解，导致了 IP 价格虚高。事实上，购买一个作品并不能叫收购了 IP，只要成功将其开发成好的影视才是。一个 IP 的成熟过程就是一个自身不断完善的过程。

就影视界而言，盲目信仰 IP 是非常可怕的，因为观众的痛点根本没有解决！

中国的影视疲软是不争的事实，造成这个尴尬局面的根本原因是人才的匮乏，已经成为了制约中国影视产业发展的瓶颈。影视市场不缺 IP 作品，缺的是好剧本、好导演及好演员，而这些构成元素才是发挥 IP 价值的关键。即便是文学作品 IP，搬上银幕也需要专业的编剧进行二次加工。**现在人们对 IP 的追逐，更多的是体现了资本运作的模式，而忽略了内容创作，这对于行业发展埋下了很大的隐患。**

内容创作的绵软无力是中国观众的最大痛点，这个痛点用 IP 效应去掩盖，最多能蒙混一时，**而 IP 的虚高价格又造成了资本势力对影视行业的追逐和干预。在这种背景下，高估值收购内容及明星 IP，带来的则是高风险。道理很简单，不能解决用户痛点的 IP 不是好 IP。**

网络游戏《传奇》绝对是一个游戏界的大 IP，在 2016 年新出了 3D 手游——《我们的传奇》。这款移植到移动端的游戏 IP，在转型的过程中就是克服了用户的三大痛点。

《传奇》这个 IP 截至 2016 年已经有 16 年的时间，在国内聚集了 5 亿玩家用户，虽然是超级 IP，但也存在着痛点，比如用户们的年龄跨度大，在游戏时会产生代沟；用户的地域跨度大，在游戏时会区域网速不对等的影响；用户从业背景不同，会影响他们对游戏的价值观认同差别。

尽管这三个痛点不好解决，但《我们的传奇》还是努力寻找方法消除痛点，比如他们对用户市场进行了差异化细分，不搞一刀切更不玩通用套路，而是力争将游戏人群划分成为可操作的受众群体。另外，他们还通过市场推广来甄别用户，合理规划不同年龄层、收入群体对游戏的要求和体验，在游戏上线之后，他们还认真听取用户的反馈，对用户意见进行差异化收集，做出有针对性的解决方案。总而言之，《我们的传奇》就是用差异化对抗差异化，最大限度地解决和弱化了用户的痛点，确保这一款风行十几年的游戏大 IP 再度焕发活力。

目前 IP 在中国的火爆程度不言而喻，虽然出现了 IP 价格虚高的情况，不过这也说明 IP 处在一个发展大势，未来的竞争也会更加激烈。**在这种相互角逐的激流中，信奉 IP 万能论的竞争者将会逐渐出局，留下那些理性看待 IP 和改造 IP 的竞争者，他们会将 IP 的传播优势、粉丝效应和用户痛点相融合，以工匠之心设计和完善产品，让 IP 实现最大的市场价值和社会价值。**

3. 核心卖点决定 IP 价值

无论怎么炒作和经营 IP，最终的目的都是为了 IP 变现，而变现的关键在于 IP 的市场价值的大小，那么问题来了：IP 的价值和什么有关？IP 的形象？IP 的孵化平台？还是 IP 的内容？

当你拿着一份产品说明书跟合作方谈判时，通常对方最先提出的问题是：你们产品的卖点是什么？如果你能罗列出一、二、三、四侃侃而谈，那么祝贺你，这一次谈判的成功性极大；如果你不能说出卖点所在，只是微笑着说"有 IP 就是最大的卖点"，那么很抱歉，你的理解力可能出现了障碍。

IP 等于卖点吗？当然不是！

我们先看看产品的卖点应该分布在哪些方面。

第一，产品应该有"产品卖概念"的思维基础，这是一个很有效的伎俩，虽然概念不能真的代替产品，但是可以帮助产品进行市场推广，吸引消费者的关注；第二，**产品的卖点必须要有充足的说服力，这是支撑产品的理论体系，这个卖点要真实可信且易于表达和传播**；第三，产品要有足够的受众群体，如果市场过于狭小，会降低产品获利的空间；第四，产品的卖点必须符合切实的市场需求，只是这种需求目前没有被充分满足；第五，产品的卖点要避免同质化竞争，要优于或者特于其他同类产品；第六，产品的卖点有助于帮助自己寻找到最佳宣传和销售渠道。

谈完了产品，或许你应该明白了，这跟 IP 的概念完全是风马牛不相及的。错误地将 IP 当成卖点，你会在一条错误的道路上走得更远。很多时候，IP 不像品牌那样直截了当，它往往代表一个概念和一个符号，不进行具体的阐述，IP 的价值难以凸显出来。比如你拿着《蝙蝠侠》这样的超级 IP 去找投资商，你就要表述你如何让这个 IP 跨界，又是以什么为切入点才行，否则将蝙蝠侠和素馅包子相结合，同样不能发挥出这个 IP 的市场影响力。

现在，社会大众已经习惯使用 IP 这个词，而 IP 更多体现在泛娱乐领域的项目开发，甚至成为文化娱乐领域标准的商业范式。不过目前面临的问题是，网剧和网游对 IP 进行了过度的开发而且开发平台太多，缺乏相同的利益指向，出现了李逵撞见李鬼的事故。造成这种现象的直接因素就是没有提炼出核心卖点，不同的 IP 持有者对 IP 的理解不同，甚至大相径庭，导致 IP 的使用陷入了困境。

目前 IP 市场面临的最大困局是，IP 的价值到底有多大？用什么标准去衡量？

对于 IP 价值的衡量方法，现在各行各业并没有明确和完整的标准。**在文化产业领域，很多市场上的 IP 购买者，核心体现在产品品牌方面，通过购买现成的产品品牌推动 IP 经营，却很少有人关注卖点在哪里。**这是因为大多数人没有将品牌和 IP 区分开，认为只要是一个品牌就能转化为 IP。

一个孤立的品牌很难支撑 IP 的运营，因为一个完整的 IP，背后必定有相应的故事、形象、情感、价值观等多个构成因素。IP 可以来源于各处，然而出现反向的 IP 时，更多的是品牌推动的 IP，好品牌未必是有价值的 IP，但是有价值的 IP 一定是好品牌。

如何挑选出优秀的 IP 是经营 IP 的第一步，这个标准就是 IP 的最大卖点。在文化产业领域，不少 IP 收购者以扫榜为主，采用的是大数据思维——谁排名靠前谁就是有价值的 IP。这个套路并不算错，但过于简单粗暴了。能够登上排行榜的未必是最有卖点的，而可能是最会营销和最有运气的，一旦脱离了平台和时机的保护，IP 的价值会大打折扣。

内容力是 IP 的基础和核心，是 IP 的卖点所在，也是决定其生命力长短的关键。那么什么是内容力？内容力涵盖了原创差异化内容的持续性、推广性和覆盖性。我们可以把内容看成 IP 的起点，也可以看成 IP 的内核。在移动互联网时代，产品生命周期逐渐缩短，因此内容力更为重要。

尽管现在中国引入了 IP 的商业开发系统，但并没有引入 IP 的商业核心理念，很多人不懂得 IP 的卖点在何处，导致了内容力的缺失，让不少 IP 或者伪 IP 变成了绣花枕头。

1941 年，美国的漫威创造了"美国队长"的角色形象，从这一时刻起，美国队长从一个虚拟的漫画角色变成了一个有血有肉的真人，他的经历、价值观念、生活哲学都变得十分立体，也渐渐深入人心。2011 年，当"美国队长"再度被搬上银幕后，追随他的粉丝依然人数众多，周边产品热销，取得了巨大的成功。

到底是什么原因让美国队长成为长盛不衰的艺术形象 IP 呢？答案是人物的内涵和深度，如果换做设计产品的视角来看，就是内容。

在设计美国队长这个角色时，漫威为他设定了背后宏大的世界观，因为只有这样才能让美国队长的哲学和价值体系永远存活下去，不会受到时代的变化而被人抛弃。一个成熟的 IP，必定是有核心价值即核心卖点的 IP。IP 的核心卖点不在表层上，而是深层次的内容力。IP 创造与产品设计的最大区别是，IP 的创造中卖点成形在先。以美国队长为例，先是有一个丰富的形象再有一个精彩的故事，或是通过角色了解故事，而不是通过故事认识角色。体现在 IP 价值上就是卖点决定了 IP，而不是将 IP 当成卖点。

一般来说，IP 的衍生品形式有常见的八种：玩具、动画、游戏、服装、互联网数码、糖果、出版、主题公园等。IP 之所以能够在多种形式之间进行自由转换，根本原因是 IP 追求的是价值和文化认同，受众追求的不是产品的功能属性，而是情感寄托，所以只要能在产品身上体现这些情感和文化元素，受众是不会过多在意产品的具体形式，这也是那么多超级 IP 能无限繁殖衍生品的关键所在。

当人们忽略 IP 卖点的时候，很容易被品牌效应所迷惑，将视线和精力停留在表层，忽略了受众群体对产品本身的需求。而且，品牌的影响力往往是受到局限的，只能呈现出单一的形式，难以在各种产品表现形式之间无缝隙转换。所以，那些将情感、文化、道德等精神层面作为核心卖点的 IP，是可以进行这种自由转换的，一种形式消亡了，可以切换到新的形式中。

如今国内叫卖的 IP，缺乏核心卖点，只是单一媒介呈现出的品牌，粉丝有，但不多，也没有那么狂热，更难以在其他媒介中存活，因此这种 IP 的价值不高，持续力和变现力也相对较差。

任何行业都有兴盛和衰落之时，附着在上面的 IP 也会受到影响，因此，忽略 IP 的卖点，仅仅依靠品牌影响是目光短浅的表现，也注定受到品牌周期走势的影响，在时代变迁之际遭受重创，难以延伸到新的媒介时代。

一个真正有价值的 IP，能够跨越媒介和行业，更能跨越时间。国内的 IP 收购者们应当明白，做火一个节目并不意味着做成了一个 IP，IP

的核心价值是它的内容。

2004 年，超级女声创造了神话般的收视奇迹，然而现在已经销声匿迹，再无当日影响。近几年火爆的《爸爸去哪儿》《好声音》等节目，也被有识之士称作品牌而非 IP，就在于它们缺少足够的内容，其火爆的因素依赖于明星出场、营销炒作，一旦脱离了这些陪衬因素的作用，将会因找不到受众群体而迷失方向。品牌不是 IP，内容力才是 IP，才能给 IP 带来真实的卖点和可以估算的价值。

4. 刷 "存在感" 就是给 IP "刷脸"

现如今，学会刷脸也是一门生存技术，脸刷的多了，认识和了解你的受众群体就广泛了，市场对你的接纳度就提升了，有了用户基础和口碑认同，就有了商业价值。对于 IP 来说也是如此，只有不断在受众面前刷存在感，才能增加 IP 形象的曝光度，扩大粉丝受众群体。

一个优秀的 IP，需要先天培育和后天发酵两个环节。先天培育是创造 IP，后天发酵是营销 IP。对于很多经营 IP 的人来说，IP 的创造并非是由他们来完成的，他们只是通过某种渠道得到一个现成的 IP，那么接下来需要做的就是如何发酵 IP 了。

好 IP 不仅是做出来的，也是 "炒" 出来的。

当然，"炒" IP 并不是无底限地炒作，而是有计划、分步骤地进行宣传和营销。想要让原有的 IP 受众群体扩大，就要利用 IP 的自身优势和特点打开新的渠道。

美剧《权力的游戏》引爆全球市场，《复仇者联盟》改编成电影席卷世界，仅初步统计，2016 年将改编成电视剧、网剧和电影的 IP 就多达 275 部。尽管有如此多的 IP 为资本市场开山铺路，但并非每一个 IP 持有者都获得了收益，其中一个很重要的原因就是他们不懂得如何营销

IP，他们错误地认为，IP 既然拿到手就高枕无忧了。

市场一次又一次证明，IP 不是万能药，玩转 IP 才是关键。

纵观当下中国的影视市场，以 IP 为背景改编的作品，除了《琅琊榜》等极少数作品外，大部分都被粉丝诟病。一般来说，造成这种现象是由一个因素决定的：IP 改编时没有对用户的需求进行足够的分析，比如对粉丝熟悉的具有高辨识度的人物进行了颠覆，甚至是做改写。

显然，这是 IP 持有者盲目自信造成的，他们没有让经过改编的 IP 通过一个时间段让受众接受和适应，反而用改编前的 IP 烙印在受众的认知体系中，造成了老 IP 存在感高、新 IP 存在感低的状况，其结果自然是被粉丝唾弃。其实，正确的做法应当是将改编过的 IP 故事、IP 人物一点点地渗透给粉丝，让粉丝明确原有 IP 经过了二次加工的事实，这样就不会产生歪曲的期待感，实现项目的平稳落地。

导致 IP 存在感低的另一个因素是，IP 持有者过度消耗 IP 自身的价值，传递给了粉丝错误的信号，因此一些改编作品在搬上银幕后，势必会和粉丝们脑海中的 IP 认知印象产生偏差，这就是没有刷出足够的存在感。而一旦引起粉丝不满之后，他们会用同仇敌忾的态度抨击甚至是抵制制作方，这对 IP 的可持续利用是相当不利的。

简单说，给 IP 刷存在感，其实是帮助 IP 谋求良好的生态化模式。

乐视影视互联事业群副总裁刘培尧说："所有消耗 IP 价值行为都是损害用户利益，真正用户服务应该是不断让 IP 进行增值。"其实为 IP 增值的一个简单做法就是，不断增加改编 IP 作品的曝光率，用诚意对待 IP 的自有粉丝，而不是用蒙蔽、吃老本的态度去圈钱。

我们所说的炒 IP，首先炒的就是制作的诚意。诚意代表着 IP 持有者对粉丝与作品的尊重。比如由南派三叔亲自操刀的《盗墓笔记》就给广大死忠粉们吃了一颗定心丸，因为只有三叔才能从"稻米"的视角为影片最大化地保留 IP 原汁原味的价值观和世界观。这种做法就是在刷"IP 作者和粉丝同在"的存在感，无疑让广大粉丝增加了忠诚度。

　　除了诚意之外，体验 IP 也是一个重要因素，比如乐视影视，充分利用自身技术优势和产业链布局，为旗下的会员提供 3D 影像、4K 画质、杜比音效等多种观看模式，为用户提供了随时随地观影的体验。这就是将 IP 从宣传平台炒到了用户的感官认知上，用户当然会强化 IP 的存在感。

　　给 IP 刷存在感，除了加强 IP 改编的环节之外，还可以通过多渠道联合的方式吸引眼球。

　　手游市场是一个过度炒作 IP 的反例，在两三年以前，手游用户覆盖面十分广泛，从儿童到老人，无论男女，都乐此不疲，然而如今在地铁上、公交上很少能看到全民玩手游的场景，这是因为轻度的手游越来越少，重度手游越来越多。而轻重之分的差别就在于投入的时间多寡。手游本来是让用户利用碎片化时间进行娱乐消遣的项目，现在却发展到了不投入大笔银子和时间就没法玩的程度，手游已经背离了其存在的初衷，自然就遭到了不少用户的抛弃。

　　重度手游的发展，绝不是用户选择的结果，而是制作方过于迷信 IP 能带来无限效益造成的，说白了就是没有得到真实的用户反馈就自作主张地带着用户走，结果忽视了用户的最基础需求，令用户目瞪口呆了，制作方也不知所措了，双方的沟通桥梁出现了严重的断裂。

　　换个角度看，如果手游的制作方合理地炒作 IP，增加 IP 在用户面前的感受度，用户自然会发现制作方的产品设计方向，会及时地做出反馈，制作方也会冷静下来重新思考。现在没有了 IP 的存在感，双方信息不对称，自然就流失了相当可观的市场。

　　打造超级 IP 并非靠一日之功，需要长年累月的口碑养成以及后端完整的产业链支撑，另外还要配合整个市场大环境的孵化才行，国内超级 IP 之路还比较漫长。**其实，制约国内 IP 价值提升的一个重要因素是，IP 没有实现产业联动，而产业联动恰恰是最能给 IP 刷存在感的营销方式。**

游戏业向来是利润空间最大的商业领域，不少游戏 IP 在完成自身产品设计的同时，也借助大量的影视改编实现影游联动，让已经收割过一波的土地梅开二度、再结硕果。影游联动的策略正符合了为 IP 找存在感的套路，因为这种跨界合作能够最大限度地吸引粉丝们的关注，实现 IP 热度的延续和变现能力的提升，更能通过跨越粉丝群体实现新用户群体的拓展。比如《花千骨》，在实现影游联动之后，创造了一个月 2 亿元流水的神话，这正是增加了 IP 曝光度和扩大粉丝群体带来的直接收益，带动了整个手游界的影游联动风潮。

对于很多同量级的 IP 来说，先天优势不存在谁能甩谁几条街的说法，然而后天的发酵往往会拉开它们之间的距离。能否为 IP 刷足存在感，决定着 IP 的使用期限和商业价值。一个会经营 IP 的持有者，其实是一个会不断让 IP 年轻化的"美容师"。

以美国的迪士尼为例，迪士尼的动画形象本身是超级 IP，承载着米老鼠唐老鸭等众多闻名全球的 IP 动漫人物，迪士尼也由此建立了主题公园，然而如果只是通过门票收入，迪士尼只能维持全球员工的工资而已，事实上还有一笔更大的收入来自衍生品，如电影、邮轮、服饰、出版物以及音像制品等。迪士尼之所以能将 IP 无限扩展，在于他们聪明地热炒 IP，让全球无论男女老少都能接受这些几十年前就诞生的动漫角色，增加了这些卡通形象的 IP 存在感，让粉丝后继有人，这才是经营粉丝经济的制胜秘诀。

只有通过品牌、企业和个人组成的多元化生态矩阵，才能让 IP 的价值得到最大化，而搭建这个矩阵的前提是不断维系和扩大粉丝群体，这就需要持续增加 IP 的曝光度和人气度，通过新的连接方式实现 IP 的品牌传播和内容叠加。IP 之所以拥有粉丝效应的支持，在于它在受众心中的存在感，是从受众需求出发的合理炒作。存在感维系着 IP 的生命周期，为 IP 赢得了靠刷脸就能胜过刷卡的生态环境。

5. 炒 IP 先学会认清"自我"

　　IP 市场尚且年轻，而国内的消费市场也在逐步演变。和经济低速发展、物质相对匮乏的时期相比，现在大众消费市场有了一个显著的变化：消费的目标和需求趋于个性化。也就是说，消费者不再满足于购买一个功能性的产品，而是希望在满足功能性需求之外具备个性化的特征。相对于工业化时代，用户对产品的要求更高，他们希望个性化的定制而不是批量生产，比如现在一些笔记本、手机推出了定制化的外壳、激光刻字等服务，就是为了满足消费者的个性化需求。

　　个性化是消费者想要满足某个痛点或者某种情感诉求的欲望，只有实现这两个点的填补，才能让产品和消费者产生一种深度的连接关系，而不是一锤子买卖。

　　从打造 IP 的角度来看，个性化也是生存的根本，无论是什么内容构建的 IP，都应该让粉丝确立一种"我"的概念，因此首先要解决的一个问题就是"我"的本质是什么。如果将 IP 看成一个人而先不考虑 IP 形象的话，那么势必要解决的一个问题——我到底是谁，我在追求着什么。

　　这其实是所有 IP 都不能回避的一个经典设问。

　　为何有的 IP 成为了最强 IP，有的 IP 却走了下坡路，主要的区别就在于 IP 的差异化没有做好。站在人格化的角度看 IP，一定要找出"我"的不同点在哪里，也就是说作为一个 IP 的差异化优势是什么。

　　有些 IP 创造者会有一个认知误区：自己打造的 IP 是最出色的，他们谈到的 IP 优点要多于缺点，即便有缺点，也转化成为了可爱的缺点。事实上，一个 IP 绝对不可能是完美无缺的，能找到几个独特的亮点已经算是很成功了，不管你多么爱你的 IP，你都要直面一个问题：你的 IP

到底能解决用户的什么需求。如果你自己都无法回答清楚，你的 IP 所谓的优点都只是美丽的肥皂泡而已。

除了 IP 的差异化优势，另一个重要的问题就是文化和情感的共鸣。这是一个 IP 的底层建设，或者说是 IP 最根本的归属，它涉及人生观、价值观和世界观的文化内涵，最终要引发用户和 IP 产生情感上的共鸣，这样用户才能转化为粉丝。你的 IP 最想和受众群体产生何种文化和情感的共鸣呢？或者换一个说法，你的 IP 想要表达什么样的生活方式呢？

有一点需要指出的是，情感元素和情怀不是一个概念。如今市场上到处可见卖弄情怀的产品和 IP，然而这其中真正触及用户情感心理的并不多，更多的是一种伪情怀和炒作。我们可以通过一个案例看看什么样的 IP 才能和情感挂钩。

2005 年，一个叫伊藤信吾的日本青年，从父亲手中接管了家里的豆腐店，他并不满意之前父亲的经营策略，想要将"三块豆腐 100 日元"的传统卖法进行颠覆，甚至连豆腐的形状也要颠覆——不再局限于四方块的标准。很快，伊藤信吾找了几个志同道合的朋友，着手开发出了全新的豆腐品牌——男前豆腐，彻底颠覆了人们对豆腐的概念、造型和包装等层面的认识，甚至连和豆腐相关的产业链也被动进行了革命。

从形状上来看，男前豆腐打破了传统豆腐的四方块形状（创造了新的 IP 形象），出现了各种形状，如水滴形、瘦长型、琵琶型等。其次，味道和原料也发生了变化（丰富了 IP 的内容），男前豆腐选择的原料是用高于一般豆腐四倍价格的北海道大豆和冲绳岛的苦汁制作而成，凡是吃过的人都说味道十分浓厚，以前没有吃过（构建 IP 的差异化优势）。另外，男前豆腐店所体现的招牌是具有男子气概的豆腐店，用软嫩的豆腐象征男子汉的阳刚，形成了一种软硬反差，让消费者的传统认知感和视觉感受到了冲击，认为这个品牌十分有趣（为 IP 加入情感元素）。

现在，男前豆腐在日本十分火爆，很多人想吃的话必须提前预定，俨然成了一个最强食品 IP，粉丝每天都在增加。那么，男前豆腐为何具有这种强大的"杀伤力"呢？除了我们前面的简要点评之外，关键之处在于它做好了有关IP的自我认知。

一个IP只有认清了自我，才能明确面对市场和粉丝将采用何种形象，通过内心来映射表象，这才能抓住IP的根本。现在很多IP之所以没有打造成功，是因为直接跳到了第二步——IP的形象是什么，而根本没有考虑IP的"自我"是什么，因此传递给用户的是一种模糊的、不清晰的概念，当然无法真正打动消费者。IP的"自我"其实就是IP的内核，是一切营销推广的基石，没有"自我"的IP，只是一具行尸走肉。

当你确定IP的"自我"之后，IP的表象又该如何经营呢？这里涉及两个问题，一个是IP的形象，包括网络的虚拟形象和实体形象，还有一个就是用何种方式宣传和推广这个IP。以男前豆腐为例，它的每一款产品都有十分有趣的名字，比如做成像桨一样的"吹风的豆腐店JOHN-NY"，还有制作成饭匙一样的"吵架至上凉拌豆腐小子"以及"吵架至上汤豆腐小子"等，这些看似花哨的名字，其实背后都有不同的解释，和可口可乐的昵称瓶创意有相似之处，让消费者看了之后久久难忘。

IP的自我决定了IP的文化内涵，IP的表象决定了IP的载体和内容，当然，完成这两步还不足以打造出最强IP，还要解决IP如何跨界以及如何开发衍生品的问题。

一个已经被IP化的产品，如果想要获得商业变现，就必须进行跨界，**跳出原生领域的束缚，吸纳领域之外的粉丝。跨界的本质是以不同的产品特点和优势，从多个层面给用户一种精神上的体验。**比如"男前豆腐"，它的原生IP内容只是一种食物，但是在跨界之后就不再局限于饮食领域，而是延伸到了玩具、游戏、流行音乐、服装、贴纸等多个领域，共计有三十一款产品，一些日本的大玩具厂商还将男前豆腐开发成了扭蛋产品，"男前豆腐"的《豆腐店的摇滚乐》也成为很多粉丝手机中的来电音乐，甚至还和超级IP《海贼王》合作开发出了"乔巴豆腐"。

丰富多样的跨界，不仅拓宽了"男前豆腐"的变现渠道，更为它不断吸收了原本不爱吃豆腐的新粉丝。

正是这么一款司空见惯的食物，最终打造成了一个超强 IP。从"男前豆腐"的事例中可以发现，IP 能够让一个产品从原始的功能（食用）升华到精神层面（音乐、游戏等）的功能，并赋予这款 IP 巨大的拓展空间和想象力空间。经过这一系列神奇的转化，能让普通的消费者转变为忠诚度高的用户，最后升级为死忠粉。

当 IP 认清了"我"是谁，有了"自我"的概念之后，才能真的变成有个性的 IP，才能具备强大、深厚且稳定的生存根基，因为你是无法被其他 IP 所取代的。

6. 细心筛选，留下潜力股

如果你没有原创 IP 的能力和信心，如果你有足够的资金去投资一个潜力 IP，那么你该如何去使用这笔资金呢？ IP 市场上那么多的真假 IP，究竟哪一个会为你带来经济回报呢？的确，IP 的创作者可以通过出售 IP 来换钱，然而 IP 的收购者却存在着很大的风险，因为 IP 的有效市场转化需要很多条件，一旦缺失了一部分条件，就可能让一个原本很有前途的 IP 被玩砸。而且，IP 也是分为三六九等的，那些收购价格高的、知名的未必一定能做出来，比如一些失败的手游基本都是来自某些网络小说 IP。反过来看，那些便宜的、被低估的 IP 也未必没有价值。

IP 一个重要的变现价值是它的授权范围，如果用得好你可以四两拨千斤，用的糟糕就是吃力不讨好，所以在 IP 市场上，不要光是学习那些成功的 IP 操作经验，更要看看那些失败的操作经验，**IP 可以帮助你锦上添花，然而不会拯救于水火，只有经营好你的产品、理解好用户需求才是王道。**

曾经有人分析过，依云矿泉水和农夫山泉矿泉水有什么区别？从表面上看似乎没区别，因为他们都是用反渗透原理生产的矿泉水，但依云矿泉水的价格却高于农夫山泉，因为这就是文化内涵的差异。

IP 进入市场之后要面对市场杠杆原理的影响，同时还要和同类 IP 产品进行竞争，一个最常见的竞争指标就是文化内涵，那些和文化内涵密切相关的 IP 才是有竞争力的 IP。

现在游戏界的很多人士都在谈论 IP，然而他们并没有弄清 IP 的本质特征。一个原作者或者有一个版权通过电视电影等渠道进行传播，最终呈现给终端受众的就是 IP。但这并不是 **IP 的核心价值，核心价值应该是 IP 的文化诉求的表达，而文化诉求对用户或者粉丝来说，是一种生活方式的映射。**

以动漫 IP 为例，首先要形成一个创意，之后对此有一个思想，接着产生了品牌定位，最后才开始做 IP 内容。当这个内容形成之后，再通过互联网、电影院、电视机、媒体建立品牌观，当市场上积累了口碑产生了一定知名度以后，就能够开发衍生品形成产业链。不过这里最核心的问题仍然只有一个：你经营的产品或服务是否具备了 IP 属性。

任何一个创意，一个功能性的产品转变为一个 IP，都要受到其是否具有 IP 属性决定未来的发展趋势。现在一些品牌成为了授权方手中的财产，如果授权方对市场和产品都不了解的话，会进行广泛的授权寻求快速变现。**还有些投资方将 IP 当成盈利工具而非经营的产品，一旦买下或者租下某个 IP 立即"换皮"上马项目，根本不关注 IP 本身的内容和格局，导致传递到市场和受众那里时变了味。**

现在，国内 IP 的跨界和改编通常会遭遇三重障碍：中间渠道、滥用 IP 和产出模式。

第一，中间渠道过多，没有看到 IP 版权结构中的权利完整度，破坏了其完整性，会让 IP 被分割成琐碎的、零散的内容，聚集不到大量的用户和粉丝。

第二，滥用毫无影响力的 IP，现在一些综艺节目和电视剧，都是有由一定知名度的 IP 授权，然而很多没有丰富的文化内涵，更没有足够的市场影响力，是不成熟和不健全的 IP。

第三，海外 IP 和国内 IP 的产出模式差异较大，以日本为例，他们的 IP 结构就很特殊，他们拥有庞大的系统的生态链条，比如日本的动漫产业，由动画公司、原作、出版社等复杂机构组成，成为了 IP 的权利方。他们会成立独立的运营的组织或者委员会，因此在日本的一些动漫展览会上，你走到哪里都是在和这个品牌接触。

在日本人看来，中国的 IP 产业和日本有很大不同。

第一，国内市场庞大，环境较为复杂，处在 GDP 飞速发展和人口红利的地方；第二，国内对文化版权的保护不够，不管是文学作品还是影视作品或者游戏，都遭遇盗版的威胁，这和有关部门的管理缺位有关系，导致国外 IP 不敢轻易进入中国市场；第三，IP 加工环节混乱，国内改编的 IP 是否具有原本的文化内涵，是很多日本 IP 对中国市场的最大担忧，因为在日本版权商看来，如果他们的 IP 变成游戏之后不能提升其传播价值，就是失败的改编和跨界，违背了 IP 的精神价值。从这三个角度看，**国内的一些 IP 缺乏专业性，更强调利益性，没有坚守住 IP 的文化内涵，也没有形成完整和清晰的运作思维。**

那么，怎样准确地界定 IP 的价值呢？必须要考虑清楚五个问题：第一，一个著名的 IP 能够快速地降低获取用户的成本，这个可以通过大数据来获得；第二，提高关联产品的销售量，比如葫芦娃如果出了抱枕会有多少人去买；第三，如何在同类 IP 中异军突起；第四，与 IP 的拥有者合作，是否可以垄断这个 IP，帮助你延长产业链条；第五，是否可以提高合作方的企业形象，快速吸引其他资本注资。

选择 IP 要抓住两个点，一个是要有知名度，比如《奥特曼》和《名侦探柯南》，它们影响了两代人，到目前为止 IP 的生命周期达到了 25 年且仍在继续。另一个就是传播度，这个 IP 是否有大量播出，是否有衍生品。此外，还有一个常被忽略的元素，就是 IP 的拥有度。

这个拥有度的考察目标是看一个 IP 的衍生品数量，比如《高达》，它是著名的日本科幻片，它的产品似乎只有树脂或者金属的模型，不可能产出毛茸茸的公仔玩具，它的衍生品数量反映了它的拥有度较低，代表了这个 IP 的接受度和受众的需求点。此外你还要考虑这个 IP 是否有成功的商业案例，是否跟肯德基、百事可乐合作过？这个成功度是代表一个 IP 品牌对商业成功度的预判。

选择 IP 不要找最热门或者最昂贵的，一定要找最合适的，就像《奥特曼》IP，它包含了如此之多的队员和武器，从 1963 年持续到现在的作品中，决定其存在价值的是人类渴望强大的欲求和恐惧未知势力的弱点以及其他更深层次的东西。

那么，如何才能准确地让一款 IP 和游戏形成对接呢？很简单，在拿到 IP 之前做好准备工作。

首先，你要明确你产品的定位，有没有足够的市场调研和粉丝。其次，你在为 IP 设计内容或者功能服务的时候，有没有出现明显的缺陷。再次，你做的产品是否符合当下的市场需求。在你研究好了这三个问题之后，才是盘算如何做好销售和推广，而且进入这个环节，一定要考虑好推广计划。曾经大张旗鼓收购《铁臂阿童木》和《喜羊羊和灰太狼》的意马国际，最后就以变卖 IP 破产告终，成为了业界的笑话。

参照日本 IP 的开发，一般需要一年零两个月的时间，按照国内的速度相比有点慢，但是和那种 4~6 个月就完成的相比更稳妥一些，因为一个优秀的产品必须经过完整的进化和准备的。**IP 成功的前提，必须是一款合适的 IP，它能够和企业产生交互关系，一个成功的平台是 IP + 优质产品 + 优质发行 + 渠道支持，核心的一条还是这个 IP 是否满足了用户或者粉丝的需求和生活方式，能够传递一种品牌价值和文化内涵，这就是 IP 的市场生存之道。**

第二章

精识至上，**IP** 的生财之道

1. 鸡蛋要放在一个篮子里

当 IP 成为炙手可热的盈利利器之后，如何玩转一个 IP 将影响着利器的锋利程度。应该说，资本市场的大鳄小鳄们，手里都会有几个 IP，无非是价值大小、增值潜力大小等差别而已。可是如何运营这些 IP 呢？

IP 再牛，也是有固定的受众对象，并非扔进市场就能捞到钱，只有精准定位才能迅速找到 IP 的消费人群，正所谓"鸡蛋要放在一个篮子里"。

以手游行业为例，有的游戏公司就十分注重锁定目标玩家的 IP 战略，比如益玩游戏就执行了精准化定位的路线——以用户为核心的精准 IP 策略。这个策略主要体现在"比用户更懂用户"的立意上，简单来说，就是通过各大平台搜集而来的大数据，对益玩平台内八千万注册用户细分，为用户贴上标签，让每一位用户的资料被后台吃透。利用大数据的深度解析，摸透玩家的心理，对未来的游戏市场进行预判。

掌握了一个 IP 并不意味着胜利，每一个 IP 持有者都要清楚一件

事：IP 的价值体现在和粉丝的互动上。互动指数越高，IP 的价值就越大。

粉丝是有血有肉的个人，他们并不是 IP 的机械附属，他们有着偏好，有着成长的变量，只有充分了解粉丝的需求，才能对 IP 进行精准定位，而不是盲目地将 IP 播撒到广泛的、模糊的受众群体之中。

除了对粉丝进行精准定位之外，还要多和粉丝互动、加强线下沟通。还是以益玩游戏为例，为了加强手游 IP 和粉丝的深度联系，他们会定期开展核心玩家线下沙龙，把那些具有相同属性的玩家聚拢在一起，对某一类型游戏的 IP 选择进行深入交流，通过这种近距离的接触和分析，最终确定一款能够被核心玩家接受的 IP 产品。

把鸡蛋放在一个篮子里，不是让你失去了保障，而是提升成功率。任何一家企业、一个资本构成体，其资源和精力都是很有限的，如果不能对 IP 进行精准定位，很容易造成 IP 和粉丝的脱节，而脱节就意味着 IP 获得的流量减少，其市场占有率、影响力和 IP 衍生品的开发能力都会随之下降。一个最强 IP 能够在第一时间赢得粉丝们的关注，但不能保证粉丝会和 IP 保持着长期的黏着关系。比如在游戏 IP 市场中，有些 IP 被做成了 MMO（Massively Multiplayer Online，即大型多人在线）手游，然而这个 IP 的原生粉丝更喜欢 SLG（Simulation Game，即策略游戏），再或者，有些 IP 更适合做休闲手游，然而厂商却将用在了重度 RPG（Role - Playing Game，即角色扮演游戏）游戏上，结果让休闲手游用户和 RPG 用户都不感冒。

IP 不是万能的，粉丝更不是冷冰冰的数据，他们热爱 IP，但是对定位出错的 IP 也不会买账，一旦粉转路，给 IP 形象带来的负面影响甚至超过黑粉。

把鸡蛋放在一个篮子里，其实质是以粉丝为核心，尤其是具有传播性和拉动性的原始粉丝，他们才是 IP 的核心组成部分，抓住了他们的真实需求就能从根本上摸清了发展方向。精准定位的本质意义是实现 IP 和粉丝的共赢——IP 价值最大化和粉丝需求最大满足化。

IP 最大价值的实现，不仅是让 IP 超过其原有价值、收回市场成本，产生高盈利，还包括了让每一个参与到 IP 合作的个人和平台都能盈利。

在 10 月 19 日召开的"WE IP"2016 京东众筹大会上，京东众筹发布了"IP + 产品"的文化类众筹模式，目的是通过京东大数据分析，选择和用户更加匹配的 IP 方和产品方。

显然，这又是一个鸡蛋放在一个篮子里的产品策略。众筹方很多，受众群体更大，广泛撒网的结果往往是双方都失望，只有实施精准化对接，构建两者联系的纽带，才能真正降低行业成本，实现价值的最大化。因此不难看出，京东众筹的指导方针就是打造以 IP 为导向的流量入口，让 IP 方和产品方能够清晰地了解用户需求，构建一种 C2B（Consumer to Business，即消费者到商业）的反向定制。

IP 是具有可变性的，它能够以很多形式存在，然而每一种形式都有固定的受众群体，一旦偏离某个群体可能会遭遇失败。事实上，把鸡蛋放在篮子里，是顺应了 IP 的三大特性：唯一性、延伸性和群体性。

IP 是不可替代的，它拥有相对封闭和独立的粉丝群体，而且具备了无限延伸的可能。然而很多 IP 的持有者，错误地理解了"无限延伸"的含义，为了最大程度变现，将 IP 当成了变形金刚，从影视到出版再到音像制品，一个好端端的 IP 变成了三头六臂，在没有精准定位的前提下很容易玩脱。

把鸡蛋放在很多篮子里，这恰恰是当前 IP 产业的痛点，归根到底，是资本市场过度炒 IP 的结果，让很多有合作需求的产品望而却步，严重消耗了的自身势能。而精准定位从用户角度来看，是因为在消费升级的大环境下，人们对商品选择的谨慎性，因此，**模糊定位和全面定位的，都是对用户的错误理解和不尊重，自然会受到市场规律的淘汰。**

回头再看京东众筹的案例可以发现，他们的众筹思路是以"80 后""90 后""00 后"为主的群体是 IP 变现的未来，根据他们的心理需求对 IP 进行细化。只要深入研究市场就可以发现，IP 的精准化应该更多地集中在二次元文化和大量小众泛娱乐产品上，因为这正反映了这三大群体对 IP 产品的爱好和需求特点：个性化和碎片化。

在一个 IP 准备进入市场的前期，需要通过大数据分析粉丝的消费习惯等特征，让合作双方达成深度的跨界合作，丰富 IP 的变现形式和内容。比如京东众筹在落地执行阶段，会通过"三位一体"的方法，为 IP 方和产品方提供品牌、营销、物流等多方面的服务和资源支持，确保精准化定位的顺利实施。从这个案例可以发现，把鸡蛋都放在一起是为了在精准用户需求之后有更强势的发展后劲。

精明的 IP 创造者，应该采用 IP 孵化、IP 方和产品方搭桥的一站式扶持服务，帮助 IP 拓宽变现渠道，让 IP 实现更大价值，同时通过粉丝经济为市场扩容，根据用户需求定制专属 IP 产品，增强粉丝的参与感和体验度。

现在，中国 IP 产业普遍存在变现门槛高、IP 产品消费市场用户群单一的情况，有些人不知道如何运营 IP，只是盲目地拓展和衍生，结果赔的血本无归。相比于国外，中国的 IP 市场还不够成熟和完善，尚处于起步阶段，只有准确把握市场趋势，精准定位，才能推动 IP 行业产生重大突破。

2. 发酵有增值潜力的 IP

没有一个 IP 生来是最强 IP，都是从零开始，由小渐大，我们今天公认的很多超级 IP，也是经历了从默默无闻到被资本疯狂追逐的演变过程。**培养 IP 和培养企业的品牌、个人的信誉一样，都是需要消耗漫长的时间才被市场认可的。**

根据著名小说 IP《鬼吹灯》改编的《九层妖塔》和《寻龙诀》，先后瓜分了电影市场 7 亿和 17 亿的票房，很多人这才发现华语奇幻冒险类影片的潜力如此之大。为什么盗墓题材的电影集中爆发？答案很简单：IP 需要粉丝们的成长，需要进行阶段性的沉淀。

IP 的价值不是定量而是一个变量，在初创时期，价值不会很高，但是随着粉丝群体的扩大和市场环境的变化，IP 的价值会越来越大，最终会产生惊人的爆发力。从 IP 培育的角度看，只有长期培养一个 IP，原有的 IP 影响力会迅速转化为盈利能力。另外需要注意的是，粉丝的成长也影响着 IP 的价值。当粉丝处于无消费能力或者弱消费能力时，IP 和粉丝的关系更多地体现在忠诚度和信任度上，当粉丝转变为市场的主力消费群体之后，他们和 IP 的关系就更多地体现在转化率和变现成果上。

现在国内 IP 市场面临的一个尴尬现象是，炒 IP 的越来越多，IP 都不够用了。现有 IP 资源的枯竭，让很多 IP 猎取者都在寻找未来有爆发潜力的 IP，那么问题就来了，怎样才能判断一个新生的 IP 有增值的潜力呢？

我们要认清一个本质问题，购买 IP 就是购买粉丝。

以游戏 IP 市场为例，现在不少游戏公司在购买 IP 的时候只考虑当前的 IP 影响力，并没有重视这个 IP 究竟能产生多少有价值粉丝，他们忘了购买 IP 的核心是购买粉丝，而粉丝是可以转化为用户的。正如某些火爆的网络小说一旦在排行榜中下跌之后，就意味着会流失大量的粉丝。自然，IP 的影响力也受损。

增值 IP 不仅要考量 IP 本身，还要看孵化 IP 的平台，以网络小说为例，一本小说在网站里火爆并不能预示着它脱离这个平台之后还能继续火爆，要看这个平台愿意为该小说继续投入多少，如果后期投入乏力，这样的 IP 也存在着很大的增值风险。特别是在 IP 的推广时期，一个平台是否愿意用自己的资源帮助 IP 进行推广，这都是需要 IP 投资者认真考察的。因此，**IP 的增值空间不仅和 IP 本身有关，还和 IP 生长的土壤有着密不可分的联系。**

当平台能够为新 IP 提供可持续发展空间之后，如果经过上面两轮的筛选，你已经对一个新 IP 非常有信心了，那就要在购买之前考虑最后一个问题，你可以用多少资源帮助这个 IP 进行推广？以游戏 IP 市场为例，很多游戏公司一直存在着误区：他们认为花钱买了小说 IP 的版权就没必要为小说进行推广了，因为这些都应该是版权方的事情。这种观念是很狭隘的，换个角度看，大部分版权方是要收取版权金的，虽然后期还有游戏分成，那如果买了一个潜力 IP，上线后发现 IP 粉丝数量不足真正吃亏的又是谁呢？很多游戏公司以为花钱买了优秀 IP 回来就万事大吉了，殊不知花 100 万买回来的 IP，如果想真正发挥价值还需要再花 200 万去做运营和推广才能将 IP 的价值最大化。

一个 IP 的价值到底有多少，这个要看它未来的变现能力和粉丝的增长潜力，以中国动漫业为例，优质动漫 IP 一直被热捧，其中一个重要的衡量标准就是看它究竟能被挖掘出多大的价值。这个价值并不是不可以预估的，有增值能力的动漫 IP，必然可以通过多元化的发行渠道来证实，如影视、音像制品、图书等。另外还有一个重要的标志，就是看它能否产生衍生消费品，比如游戏 APP、舞台剧以及各种形式的主题活动等。

《熊出没》算是一个爆款的国内动漫 IP，在诞生初始还没有那么强的影响力，但是制作方看到了它在未来的变现能力，即根据故事内核衍生出的游戏、舞台剧等。果不其然，在 2015 年，《熊出没》授权产品的消费额达到 25 亿元人民币，此外还和飞度、乐逗等平台进行合作，打造了《熊出没》游戏，同时在国内开设了 20 个公园，而以《熊出没》为故事蓝本的舞台剧每年要巡演上百场。由此可见，IP 的变现能力是衡量其增值潜力的重要指标之一。

一些专门经营国内动漫 IP 的从业者，大多会保持着一个清醒的思路：在变现模式上实施 IP 共生体系的概念，将漫画作为 IP 体系的核心，不急于让它盈利，而是等到它成长到一定程度之后，积累了大量的粉丝再改编为游戏，游戏推广一段时间后，再改编成真人剧，进行动画和影视的双重孵化。

比如腾讯动漫，为了培养大批有增值潜力的IP，就建立了属于自己的漫画平台，很多动漫作者通过这个平台自由上传漫画，现在平台产量占到了国内总动漫产量的一半以上，其中和腾讯动漫签约的作品高达七千多部，而这个巨大的动漫IP培育平台，目前总作品量已经超过了20万部。如此丰富的潜力IP资源，足以应付漫长的IP培育吞吐量，也满足了不同粉丝的需求。

腾讯动漫的明智之处还体现在，他们不会将一个刚被培养好的IP急于投放市场，而是会对其"补充营养"，比如通过联合投资和推广的方式，架构更丰富的渠道对逐渐长成的IP进行变现。

动漫IP的变现之路，恰好反映了IP成长需要过程的客观限制条件，因为IP的传播需要时间，粉丝的接受和信众的养成需要时间，动漫IP中的故事和人物形象成为"情结"更需要时间，因此能够在这相对漫长的时间内最终收获的IP，必定要具有增值能力，否则，一个IP的价值会大大降低。

IP不单纯是一个知识产权的概念，它更是一种商业模式的象征，而商业模式讲究的就是投资有潜力的项目然后投入市场，它是一个培育作物的过程，而不是一个转手倒卖的过程，谁把IP当成一个定量，谁最终获得的利润也是一个定量甚至会更低。因为目前市场环境的复杂性，让IP的潜力价值可能忽高忽低，只有耐心培育、悉心引导、专心操作，才能让IP不死且加快发育。

培育IP不能抱有急功近利的心态，曾有专业人士指出，IP可以锦上添花，但不会雪中送炭。这句话并非是贬低IP的价值，而是点明了IP本质上是可发酵、可死亡的作物。不能用正确的态度看待IP，其结果可能是投入和产出发生偏差。很多失败的IP投资事例，都是源于不走心的操作心理，眼睛只顾盯着IP的变现能力，而忽略了它需要经过培育和打磨才能发挥最大价值的属性，更有甚者将IP当成营销的筹码，玩概念，炒噱头，最后寒了粉丝的心，而被市场淘汰。

回头再来看国内的动漫产业，动漫IP的培育要瞄准市场的真实需求，也就是说要在这个漫长的阶段中注重IP内容的打造和丰富，同时还要加强营销手段的技巧，因为IP培育是一个内外同步的过程——对内要完善IP的内容，对外要经营好粉丝群体，特别是在IP改变之后，要将原始粉丝和新进粉丝最大限度地融为一体，以原始粉丝为辐射中心，对IP进行培育和打磨，才能让IP变现的过程更加流畅。

3. 经营公众号就是经营IP的掌上市场

如今，公众号已经成为新的自媒体平台，和微博一样成为个人IP的吸粉神器和变现渠道，也成为创造和孵化个人IP的新土壤。在移动客户端大行其道的今天，掌握了移动用户就是掌控了整个互联网市场。能否在公众号平台上建立属于自己的IP孵化基地，直接关系到个人以及运作团队的命运。

公众号经营的成功者，都能够将公号变成一个IP品牌，从而建立属于自己的粉丝聚集地。和一直炙手可热的微博相比，公众号粉丝虽然没有那么惊人的数量，但是达到百万粉丝级别的依然不乏其人。对于这些运作成功的公众号，他们所要面对的不是如何走红，而是如何维持走红的状态。只有保持个人IP的长盛不衰，才有机会对IP的价值进行可持续挖掘。

2015年，著名的公众号同道年营收达到5000万元，很多人意识到，自媒体也拥有着不容小觑的变现渠道，更是个人IP市场最有力的传播平台和途径，当然和其他平台相比，很多自媒体起家时都是单枪匹马地战斗，缺少后台支持，缺少资本支撑，更没有大量粉丝的支援。所以走这条路的困难指数更高，但对内容创业者来说意义重大。

我们多次提到了IP的核心价值是它的内容，在这个人心浮躁的时

代，能够沉下心专注做内容的，自媒体无疑算作一员，因为他们不思进取就会立即死亡，和企业、小团体之类的经济体系存在本质的不同，他们的危机感会促使他们更看重 IP 内容的质量。所以，经过自媒体发酵的 IP 或者由自媒体蜕变而成的 IP，更具有内容性优势，它能够帮助 IP 持有者达到一个靠"刷脸"就能赚钱的行业等级，借助公众号平台的特点，能够让个人 IP 在移动端这样的掌上市场，提升内容的高度。

以自媒体人同道大叔为例，近几年的数据显示，他的微博粉丝已经超过 1000 万，微信公号粉丝超过 500 万，其背后是一个泛娱乐化的集团公司——同道文化集团，旗下包含了道仔传媒、同道生活、同道影业等多家子公司，IP 衍生品也从图书出版到电子商务应有尽有。

一个成功的自媒体 IP，本身就超出了自媒体的概念，从表面上看，"同道大叔"只是一个微博、一个公众号，然而在大众目光没关注到的地方，"同道大叔"已经演化为一个包含新媒体、话剧、综艺、衍生品、实体店等多条产品业务线的综合性泛娱乐文化集团，实现了个人 IP 升级为企业 IP 的战略布局，当然它的发端离不开掌上 IP 市场的孕育和积累。

掌上 IP 市场是一个更为活跃的市场，粉丝和 IP 持有者的互动指数较高，只要某个自媒体建立了个人 IP 之后，会通过战略升级为 IP 增值，从自媒体、网红向平台化方向推进。其中，从关键意见领袖（Key Opinion Leader，简称 KOL）向 IP 升级是非常重要的环节。因为 KOL 通常很依赖个人的能力，这也决定了它的生命周期和延展性都十分有限，然而 IP 应对这两个层面表现更出色。

通常，从 KOL 向 IP 升级需要在两个方面入手：一个是品牌的形象化，比如同道大叔从 2015 年 10 月到 2016 年 2 月份期间，不再只是小白人的形象，而是让 12 星座都具有了自己的形象，这种形象有利于在社交媒体上广泛传播；另一个是形成品牌之后的符号化，就是将公众号创始人从具体形象中剥离出来，让受众逐渐意识到它是一个 IP 而不是一个活生生的人，更有利于后期发展 IP 衍生品。

　　将 IP 打造成为品牌是需要花费一番功夫的，IP 本身代表着一种能够被挖掘的虚拟资产，所以想要对 IP 实行商业化，只能依靠产品才是王道，这也恰恰是从个人 IP 进化到品牌 IP 的重要步骤。对于掌上 IP 市场，公众号势必要同步多渠道推广，加强在微博和微信上提供的产品质量和数量，帮助 IP 内容衍生出更多的类型产品。

　　掌上市场是一块重要阵地，也是一块能够培育出多种作物的肥沃土壤。移动客户端培养了 IP 之后，可以衍生其他 IP 产品，而这些产品又能够通过移动端进行营销和变现。因此，掌上市场需要深耕细作才能产出比 PC 端更具发展势头的盈利能力。掌上市场还有一个天然的优势，就是它距离受众群体很近，能够进行线上和线下同步推广的双管模式。很多公众号 IP，在完成了内容创业之后，借助互联网的力量吸粉，然后从线上走入到线下。这个过程不仅仅是一个品牌推广的过程，也是完成不同受众面粉丝的吸纳过程。

　　还是以同道大叔为例，在 2016 年 7 月举办的一次嘉年华开幕式上，主办方通过以同道星座形象为核心打造的展会，仅用了一个多月的时间就卖出门票超过 1 万张，其他线下衍生品的销售额也约合 200 万元，证明了掌上市场进入线下的转化能力。

　　虽然掌上 IP 市场被越来越多的人当作创业基地，但也有业内人士指出，内容创业存在着很大的瓶颈，这对于公众号经营者来说是一个幽灵式的存在。那么，这块阻碍个人 IP 发展的"天花板"到底在什么高度？它对掌上 IP 的传播构成哪些危害呢？

　　目前来看，以微博、公众号等平台为根基的内容创业者，最重要的商业模式还是广告，至于电子商务、版权和增值服务，通常效果并不明显，也存在着操作性的障碍。哪怕是那些千万级别身家的掌上 IP 持有者，最大的收入依然是广告。那么问题来了，广告对掌上市场是利更大还是弊更大呢？

　　众所周知，广告的优势在于有着很高的变现率，模式成熟，特别是传统媒体渠道崩塌的当下，互联网广告变得更有价值。然而麻烦也出现了，公众号的内容更新有限，广告太多会影响粉丝的体验，广告太少也不能带来实质性的收益。无论你做到哪一个级别，单纯依靠广告最终都会遭遇致命的瓶颈。

一般来说，想要摆脱广告的掣肘有两种方式：一个是通过复制衍生的模式，做出更多的公众号，以量取胜；还有一种方式是打造更高级别的 IP，自上而下进行盈利破口。

现在，重量级别的公众号进行 IP 化是常见的衍生趋势，很多公众号正在跨越媒体界限，朝着泛娱乐化的方向发展，这样就能摆脱被广告和电商束缚的窘境，甚至能摆脱对某个社交平台的依赖性，从而延长产品的生命周期并增强 IP 的适应度。 从另一个角度看，IP 化的自媒体更符合当下掌上 IP 市场的发展趋势。不过，做好这些突破的前提还是将 IP 的内容做精做细，一个不成熟的 IP，如果仓促破局可能会引发很多不确定的因素，好比用头去撞天花板，也许天花板没撞开头却破了。

4. 拿出冒险精神

创造 IP 是创业行为，投资 IP 是投资行为，无论是走哪条炒 IP 的道路，本质上都包含了赌博的成分，因为 IP 的养成需要时间发酵，更要面对不断变化的市场规律，稍有不慎，一个原本有价值的 IP 就会遭遇滑铁卢。

以中国的手游 IP 市场为例，同质化的现象十分严重，导致很多 IP 的持有者、猎取者都遭受了重创，题材的同质，玩法的同质，设定的同质……这些现象反映了一个事实：IP 的原创能力在退化和疲软。

看起来是国内 IP 原创者犯了懒癌，但其实并不是真的懒，是因为大家都明白创新是有风险的。那些看似缺乏新意的老套题材和玩法，毕竟是经过市场和时间检验的，虽然可能不会大火，但是绝不会雪崩，然而当所有从业者都抱着这种"保九争八"的态度时，会导致整个行业的IP市场陷入低迷，这就是个体的保守谨慎造成了集体的收益降低。

普遍缺乏进取心是中国IP市场面临的客观事实，即便如此，想要打造最强IP还是要进行创新的，但必须要拿出豪赌精神。

看看中国的手游IP市场，你会发现由于从业者泛滥和过度的抄袭行为，导致整个行业的从业风险越来越高，不少人意识到，再不创新都要饿死。火爆的《樱桃小丸子》和《蜡笔小新》的IP被买走了，其他知名的IP也都找到了主人，要想利用原有IP沉淀的粉丝变现确实困难，只能走IP创新之路，才能拯救行业的迷茫和困顿。

知名IP无论是在哪个领域，都是一个永恒不变的主题，无论你面对的是用户还是粉丝，都是讲究互动，也可以理解为代入感，成熟的IP有广泛的用户覆盖面，会节省很多市场推广经费的投入。在没有知名IP的前提下，就要承担很大的风险。

然而这个风险是值得一试的，因为IP迟早要被消耗，粉丝部落也会随着时间的流逝发生裂变，甚至是消退，特别是那些以情怀为幌子的IP，更不会长期被粉丝关注，没有好的IP就创造有潜质的IP，这不仅是在培育市场，也是在培育全新的商业模式。一旦有了模式的保证，IP的诞生会更加商业化和公式化。

寻找IP需要时间和精力，一旦没有收效，会让IP猎取者长期处于原地踏步的状态，会让他们忽略市场大环境的变化，从而在思维和眼界上处于落后状态，他们会越来越摸不清粉丝的需求，会和最强IP的创造之路渐行渐远。其实，那些知名IP之所以得到了高价值的投入，无非是对市场起了导向作用，但不能忽视的是，经过这一轮淘汰留存下来的终究是少数，而且时间长了一样难摆脱同质化的魔咒，导致一部分被玩坏的IP赔本赚吆喝，成为操盘者缺乏战略眼光的牺牲品。所以，**单靠一次创新是不够的，在拥有了最强IP之后，还要进行二次创新、三次创新甚至更多，IP才能不断适应市场和竞品IP的变化。**

　　无论哪个行业，创新都是唯一和最终的出路，最强 IP 不仅不会受到行业瓶颈的阻截，还会成为行业瓶颈的破口。美国汽车大亨亨利·福特曾经说过一句话："如果我最初问消费者他们想要什么，他们应该是会告诉我，'要一匹更快的马！'"

　　IP 是什么？它是拥有一定群众基础和潜在变现能力的创意。创意可以被抄袭，创意可以被轻易否定，**创意也可以在转化为利益的瞬间崩溃，创意意味着风险。**所以，我们在肯定创新的同时也要明确，所谓豪赌精神不是教你作死，而是要用最大的原创能力去打造 IP，并做好多方面的准备。

　　以中国电影市场为例，随着票房的逐年增高，影视剧的投资成本也水涨船高，导致小成本电影的投资门槛也在上千万元，这种市场风向的变化，其实就是在豪赌。赌什么？赌谁能在复杂的转型和摸索时期撑到最后。让你撑到最后的信仰是什么？是你坚信自己的创意。

　　面对变幻莫测的市场，怎样将投资风险降到最低，自然是广大投资者最关心的事。在影视领域，人们热衷于收购文学 IP 作为电影改编的母本，其实就是缺乏冒险精神的表现，事实上这种做法往往有效：哪怕只有百分之五十的转化率，都能让投资者收回成本，比如郭敬明的《小时代》系列就是最好的例证。

　　虽然管用，但这种吃老本式的 IP 投资模式面临着一个问题，会让粉丝缺乏惊喜度，这不仅体现在影视 IP 市场，其他文化产业中也存在这种问题，由于粉丝们对某个 IP 太过熟悉，导致一场原本应该是惊喜的电影发布会，却变成了粉丝见面会。粉丝能看到的只有那些大腕们的尊荣，那些被嚼烂的故事却再也不能吸引他们了。反向思考一下，如果一个 IP 能丰富原有内容衍生出一个新 IP 时，粉丝们投入的热情会更加高涨，当然这需要豪赌精神。

　　一个依靠机械化复制、快餐化消费的行业，无论如何也是无法长久健康地成长的。影视剧是好生意，然而影视作品并非只是生意，它关系到品质、文化、内涵和精神道德。人人都知道 IP 投资有风险，为了规避风险，人们肯定会找那些知名的 IP，但这种玩法并不适用于所有人，对于大多数缺乏资本支持的人是很困难的。

当初《大圣归来》准备投拍时，曾经找到某个影视公司寻求资金支持，然而那家公司却对这个超级 IP 的改装品没有什么兴趣，结果事实狠狠教育了他们：《大圣归来》斩获近 10 亿的票房。由此可见，不是谁都能玩转 IP 的，因为很多人没有豪赌精神。

从当前的国内 IP 市场现状可以看出，IP 热一定程度上反映出各行各业缺乏冒险精神和原创精神的现象，这是很可怕的，也导致了粉丝至上理论的强化，很多人只想着赚粉丝的钱，却没有想过这么多粉丝当初是如何诞生的，更没有思考为什么不能根据市场的新需求创造新的 IP 来吸引粉丝。在保守主义思想的趋势下，很多有发展潜力的 IP 被忽视了，继而不断炒冷饭、绞尽脑汁地从老 IP 身上榨干油水，最终失望的还是粉丝。

没有创新就没有发展，没有参与更不会有创新，不会有潜力 IP 的诞生。投资者既然想打造最强 IP，就不能着眼于赚钱和当下，要像乔布斯那样，给自己树立一个伟大的目标，将行业视为终生奋斗的目标和理想。粉丝不是白痴，他们有忠诚度，但是他们也有思考能力，也许在一个新 IP 诞生之前，粉丝不知道他们需要的是什么，但是在新的内容"诞生"后，粉丝会瞬间为新的内容而狂欢。

5. 蹭 IP 是最实用的撒手锏

原创 IP 太累，超级 IP 太贵，于是有人想出了最省钱的 IP 经营战略——蹭 IP。当然，蹭 IP 一直被人诟病，认为这是一种没有商业道德的做法，然而单纯从技术手段来看，蹭 IP 并无任何不妥，相反是一种看似简单粗暴却行之有效的打法。

其实，在 IP 这个概念诞生之前，蹭 IP 的现象就从未停止过，一些不法商贩早就玩透了这种套路，但是区别在于，这些不法商贩的商品很可能是不合格的，而我们所说的蹭 IP 仅仅是一种策略，而不是欺诈行为。

2014 年，在《刀塔传奇》上市之初，由于大幅度创新国产手游游戏的机制，吸引了不少跟风者，加上当时搭上了《魔兽世界》和《DOTA》的快车，帮助游戏公司节省了不少宣传费，让《刀塔传奇》瞬间成为卡牌类手游的始祖。后来因为版权问题，《刀塔传奇》更名为《小冰冰传奇》，虽然蹭 IP 的优势不在，但是粉丝已经吸纳了不少，在改名换姓之后，很快登陆了包括 APP Store 在内的各大应用商店，这种和解的方式让被牵涉进来的几个厂商缓和了矛盾，也保住了《刀塔传奇》蹭 IP 的市场价值。不过蹭 IP 的事例不会因此终止，还是会有一大堆的"小冰冰们"通过知名 IP 换皮的形式去攫取第一桶金。

虽然命名权有了定论，但是《小冰冰传奇》还是要面对被停止 11 个月的悲惨经历，要克服游戏玩家对游戏本身的失忆。不过，有了一定的粉丝积淀之后，这些问题还不算太坏，也让蹭 IP 这种事屡禁不止。

在影视圈，蹭 IP 最为常见，甚至成为很多低成本电影的"必由之路"。毕竟一个 IP 电影能够顺利突围朋友圈，占领话题榜，冲破票房纪录，给投资方和制作方带来的收益是巨大的。IP 电影的巨大优势是，拥有数量可观的粉丝基础以及在市场上创造话题的能力，因此能够在各大榜单上长盛不衰，很多电影制作者们逐渐认识到，IP 电影宣告了"产品＝营销"的胜利。比如著名网剧《屌丝男士》《万万没想到》等，都是诞生在互联网上的 IP 电影。它们拥有大量的拥趸，一旦推出新品，将吸引众多关注，而关注就意味着收入。同样，综艺节目类的《奔跑吧，兄弟》，也借助了 IP 口碑，在电影上映前就拥有了广泛忠实的受众基础。

作为资本的入口和娱乐的前沿阵地，如何营销一部电影隐藏着太深的学问更需要经验的辅助，所以电影营销往往代表着品牌营销的发展趋势。对于那些还没有积累营销资源和营销经验的小成本国产片，就需要蹭IP了。他们会通过改变几个字或者采用类似模式的方式，让自己制作的影片挂靠到一个IP电影上，以此来吸引注意力并忽悠大众。

比如在《寻龙诀》前期海报很火的时候，爱奇艺率先推出了一个蹭IP的版本，叫《猛鬼吹灯之寻龙诀》。虽然这个IP蹭得不是很成功，但还是有不少原著粉过去看两眼，多多少少提升了该片的关注度和热搜度，这种并不高明的营销方式总比不营销要起作用。

蹭IP还能反映出一个现状：如今已经进入全民娱乐的时代，各类影视作品正在逐步成为消费者日常生活的主要调味料，所以圈内人都面临一个问题——品牌营销娱乐化。

一部电影从创意到投拍，要经历很漫长的时间，所以蹭IP是一种内容营销的最有效的方式，借助一个品牌IP的名声和口碑，积累用户谈资，才能牵动广泛而忠实的粉丝群体。

由冯小刚执导的《我不是潘金莲》召开发布会之后还未上映之时，各大视频平台上的"潘金莲"们却已经组成了金陵十三钗，乡村爱情题材的网络大电影《潘金莲就是我》在爱奇艺播放量超过90万，穿越悲情网络大电影《潘金莲复仇记》腾讯点击量破300万……这些都是点播付费或者会员观看，收效绝不会太差。

可见，蹭IP的寄生营销还是抓住了占有观众市场的重点，海量粉丝对热门IP的捧场，让粉丝们无法被满足的需求被蹭着IP的网络大电影吸引，让网络电影赢得了点击量和分账收益，造成蹭IP现象收不住车。

有意思的是，各大视频平台也认同蹭IP的套路，比如蹭了周星驰执导的《美人鱼》IP的《再见美人鱼》，点击量爆棚，是因为爱奇艺长期将其放在首页，可见视频平台也看到了蹭IP吸引流量的作用，本身也不会打压这种炒作行为。

蹭IP可以被看成寄生营销，现在也有了成熟的体系，只要有某部大片开拍，不少中小影视团队就开始衡量寄生的可能性。如果有，马上准备剧本，然后募集资金到开机，甚至要赶在院线电影上映前的宣传期或者上映期登陆网络院线，由此博得粉丝关注分得一杯羹。虽然这种蹭 IP 的套路一度被人怀疑，但是很多业内人士认为，山寨电影并不是自寻死路，而是另谋出路。在美国，蹭热门 IP 的影视行业已经存在并发展了几十年，丝毫没有衰退的迹象。对于影视业仅有几十年发展历史的中国来说，这股蹭 IP 的浪潮注定也要经历。

只要粉丝对热门 IP 的热情不减，那么蹭 IP 的套路就会有盈利的可能。而且，蹭 IP 并非是抄袭和借用，只是营销手段的招数，很多蹭 IP 的影片也有自己的解构和创新，可以视作在 IP 火爆的当下，各行各业为了寻求出路和破局被迫接受的新思潮。

从行业发展和受众心理需求的角度看，蹭 IP 是依然可行的营销策略。不管多么低成本还是多么低创意，能够搭上 IP 电影的顺风车，挨了多少骂也会得到一定的宣传效果。哪怕很多时候，这种蹭 IP 仅仅是在片名上稍加改动而已，也是一种精巧的宣传方式。

当然，蹭 IP 并不是万能钥匙，要想蹭得高明，蹭得不被万人唾骂，要建立在自身作品是否具有高质量的基础上，即便质量有些差，起码也要有向 IP 电影致敬的精神和意识，否则难逃观众的法眼。

不论是影视圈还是其他行业，营销并不能改变 IP 的核心内容，真正起决定性作用的还是 IP 是否有亮点、是否能打动受众，这才是 IP 的生存之道，而蹭 IP 只是生存之术，将二者混为一谈才是最可怕的。

6. 理清商业逻辑

当一款 IP 进入正式的运营流程之前，首先要做的是对 IP 开发进行全盘设计，特别是在高喊着泛娱乐口号的移动互联网时代，不管是新 IP

开发还是老 IP 改编，必须要进行本土化和时代化，让市场最大限度地接受，不断适应口味变化的粉丝群体。

在成功开发 IP 的领域中，好莱坞做了很多专业性的操作，它拥有成熟的商业化体系，促使整个市场趋于理性，这和中国以导演为中心的市场环境大不相同，好莱坞的内容制作环节通常都是由制片人中心制来管理，而由制片人掌握好莱坞工业链条的最终决定权。无论是剧本挑选还是项目组搭建以及明星打造，都是由制片人进行详细的操控，确保其完美输出。

好莱坞玩转 IP 经历了漫长的学习和修炼过程，从早期的导演中心制（1907—1909 年）到导演单元制（1909—1914 年）再到总制片人中心制时期，制片人中心的模式才初步确立，当然这与美国社会经济状况发展有着密切的联系。制片人对一部电影的影响，相当于一个 IP 管理者，他们的职责核心就是保证 IP 艺术价值的理性输出。相对于好莱坞，中国的影视发展只有三十年左右，还处于婴儿时期，尤其是当下国内的文化产业生态和当时好莱坞的早期十分相似，因此 IP 作品走的都是艺术和情怀的路线，还没有真正进入到代表着工业化商业运作的阶段——制片人中心制，缺少了一个 IP 管理者，也缺少了相对完备的商业逻辑思考。

市场经济环境的变化，通常会将 IP 的运营推向更高的层面。只有进行商业化的 IP 打造，才能确保整个产业的良性循环。国内影视市场的天然弱势让整个 IP 衍生产业的价值提升受阻，即便进行了成功的商业变现，也会由于缺少持久的生命力缩短 IP 的生命周期。

从好莱坞模式中可以看出，IP 需要一套完整的、适合目前国内市场环境的高互动性操作理念，同时还要用科学的运营手段去管理整个流程。IP 开发的流程，可以看成以制片管理统领全局的商业化战略规划。

这种商业战略规划，本质上是在考量一个 IP 是否具有改造的潜力，或者是发现一个好的 IP 创意后，能否设计出一个实施的计划，包含了四个部分：IP 形象如何表现到极致，IP 故事如何布局的完美，IP 的价值观如何具备普世元素，IP 如何延展生命力。这四个元素是所有最强 IP 的基石所在，也都指向了一个核心点：IP 的商业化定位。

IP 的商业定位相对于其他环节来说，是成本最低也是最容易控制风险的环节，然而却被很多 IP 经营者忽略，有些人知道如何定位，然而一到具体执行环节就出问题，特别是在缺乏严格商业规划的动漫领域更是如此。那么，什么是 IP 的商业定位呢？它是针对作品对应的受众群体特征所配套开发的世界观、艺术风格等，只有做好了商业定位，才能为接下来的媒介互动打下基础。简单来说，就是见什么人说什么话，如何从目标人群中赚到钱。

现在中国的很多 IP 其实没有达到预想的价值，就是因为缺少商业定位，IP 的经营者没有考虑清楚他们面对的受众是什么群体，有多么庞大，其教育背景又是什么，消费能力有多强等，只有界定清楚才能锁定一个可量化的范围。

以中国二次元控人群来说，这个群体并不庞大，消费总能力十分有限，想要赚大钱是比较困难的。比如《魁拔》的动画电影拍了三部，耗费了大量的篇幅去讲述一个难懂的世界观，虽然画面比较炫酷，然而只有成人才能看得懂，更糟糕的是主角却是一个二次元角色，导致成人一看海报就没有兴趣，而中学生又看不懂。一个 IP 无法找到目标群体的关键点，想要覆盖全部的观众，想要罗列所有的元素，打造出的 IP 产品一定是不伦不类的。

曾经让很多业内人士看好的电影《横冲直撞好莱坞》，最后只捞到了不到 3 亿元的票房，和投资方开始预估的 10 亿元票房出入太大，这就是前期商业定位失败造成的。这部片子从片名来看是好莱坞式的，然而被黄晓明、赵薇和佟大为吸引进来的却是二、三线的城市人群，他们看不懂美国式的幽默，更没有观赏美剧的习惯，而且里面启用的美国明星都是二线演员，比如《破产姐妹》里的麦克斯（Max），《生活大爆炸》里的霍华德（Howard）。然而真正习惯美剧的观众，又都集中在一线城市，他们反而不喜欢本土演员，结果两个人群都不买账，导致影片的人群定位出现了严重的偏差。

《万万没想到》系列网剧的成功，恰恰在于它对互联网网剧收视人群的精准把握，它锁定的目标群体是 18～25 岁的男性，他们喜欢广泛的社会题材和自黑自嘲，喜欢有创意的碎片化内容，同时还喜欢接地气的东西，因此这部网剧采用了 70% 的男性主角和古今双拼的题材，做到了从目标群体视角出发。

有了成功的商业定位，未必就能打造出一个成功的 IP。只有保持 IP 的长期生命力，才能开发出更多的衍生品。换个说法就是，IP 的前期开发，是要为影视、游戏、社交等多个可能涉及的市场留下创作余地，新时代的 IP 一定要具备超强的传播能力，需要在社交媒体、移动游戏和短视频几个生态系统中互动，这样才能拓宽 IP 的商业变现渠道。

首先，要增强 IP 的跨媒介互动设计。现在中国的很多作品都是火爆之后，才将 IP 授权到其他领域，比如游戏、动漫等，然而由于前期开发时没有考虑到互动性，会让 IP 跨界之后水土不服，难以长期盈利。《花千骨》游戏运营的成功，就是在上线之前和游戏公司研究了衍生运营的内容，锁定了玩家群体，整合粉丝人群。

其次，增强深层次的 IP 表现。一些游戏公司发现购买 IP 授权之后却遭遇了上线即扑街的情况，或者是昙花一现，原因在于游戏内容和剧集内容的互动性太差，这是 IP 持有者不重视游戏的内容和游戏玩家的忠诚度造成的。另外，这种 IP 授权十分简单粗暴，通常是换了 IP 主角的形象直接上线，在 IP 原有内容和跨界内容缺乏互动的前提下，很少有用户愿意付费体验，《万万没想到》改编的游戏就是这种失败的案例。

最后，凸显 IP 的核心价值观。互动并非代表媒介要高度重合，而是要在不同的媒介进行创新，保留 IP 最核心的价值观。一般来说，IP 的故事和形象很难在不同的媒介中一模一样，然而 IP 的价值观是可以不变的。最成功的要属美剧《行尸走肉》，从 2012 年开始，《行尸走肉》和多家游戏公司合作授权了二十几款手游和端游，其中有十八款评分在 80 分以上。这是因为《行尸走肉》的 IP 持有者 AMC（Asset Management Companies，资产管理公司），同合作的各大游戏公司实现了资源共享，不限制对方的创意，反而希望用另一种方式诠释 IP 原作的主题和氛围，这就赋予了 IP 跨界后新的生命力。

将某个 IP 进行多方位和多媒介的商业定位和设计后，是 IP 跨界的重要保障，也可以看成是 IP 的运营手册，缺乏这个手册会出现 IP 定位和内容的偏差。在 IP 初期的内容制作中，需要采用团队合作的方式，将 IP 转变为工厂流水作业，IP 手册应该包含着故事梗概、艺术设定等多个元素。

IP 的跨媒介运营，最大的风险就是失去了 IP 原有的价值观，而价值观代表着粉丝，粉丝关联着商业变现，所以任何一个对原有 IP 的调整，都可能给 IP 带来重大影响。比如迪士尼的 IP 授权部门，据说就有几百种有关授权的细分管理规则。

一个好 IP 是运营出来的，它通过一个媒介呈现形式被激活后，仅仅是完成了第一个环节，而长期的运营才真正关联着一个 IP 的生死。所谓的 IP 运营手册，就是让每一个 IP 的操作者有章可循，不断给 IP 增加关注度。一个超级 IP 在刚开始设计的时候也许会存在缺陷，但是经过后期的运营会帮助它最终趋于完美。比如漫威的《蜘蛛侠》，20 世纪 50 年代开发之后并不出名，后来在 1961 年加入了新的创意之后，变得更具社会化，后来又经过索尼影业的加工，终于打造成了最强 IP。

一个好的创意可以发展成为一个超级 IP，但是想要活得长久，必须要有一套完整的体系化流程，IP 经营手册可以让成功经验得到复制和传播，让 IP 市场保持活跃度，让每一个 IP 都能维系旺盛的生命力。

第三章

第一印象，IP 功夫要做足

1. 你的内容，第一眼就要将人"斩获"

心理学上有个名词叫作首因效应，说的是第一眼留给人的印象十分重要，会直接影响到对某个人、某件事的认知态度。作为 IP 来说，既然我们都知道内容是核心，那如何将内容做得动人呢？很简单，找到吸睛点！

吸睛点吸的是谁，当然是受众，特别是泛娱乐性质的 IP，它针对的是特定群体的粉丝，粉丝有个特点是愿意为自己的信仰而疯狂，疯狂就意味着舍得掏银子。在娱乐圈里，吸睛最常见的手段是明星站台。

在上海新文化传媒集团股份有限公司举办的"看见未来"发布会上，公布了包括《大富翁》《轩辕剑》等一系列项目，为了引起广大粉丝和媒体的重视，特地请来了被日本媒体评价为四千年一遇的美女鞠婧祎到场助阵。结果，戳中了粉丝的 G 点，引爆娱乐圈。

不要小看主办方的推广策略，邀请明星站台仅仅是吸睛大法的第一步，因为明星 IP 不关乎到内容，为了加强内容业务的升级，新文化传媒还强力挖掘游戏经典 IP《轩辕剑之汉之云》，而这个游戏的诞生，就是在打造一种现象级的潜力巨制。

粉丝最感冒的是大阵容大排场，所以能够将一个经典 IP 重新盘活，对受众群体来说是再兴奋不过的事情了。因此，现在不少影视剧都注重标新立异，因为制作方越来越清楚观众需要的是切合他们内心需求的剧作。比如情感关怀，这是最能直接打动粉丝的杀手锏。

现在，世界文化产业 IP 运营的思路正在逐步走向成熟，虽然在中国 IP 市场上，这种成熟还没有达到，但已经进入雏形阶段，在这个阶段中，IP 的持有者们都意识到一个问题，如何在众多 IP 中脱颖而出，是决定着一个 IP 生死存亡的大事。

以影视圈为例，目前越来越多知名文化作品的价值，正在通过影视的形式得以放大和延续。为什么要义无反顾地投身影视剧？因为影视剧是对 IP 内容最直接输出的形式。一本书在网络上电视上的曝光率远远不及一部电影、电视剧和网络剧，这就是吸睛力度的差别。

能够让 IP 内容第一眼打动粉丝，必须要以完善内容生产体系和渠道布局为基础，只有强化这种手段，才能打通内容、渠道和消费者之间的关系，换句话说，就是让粉丝们最清晰地看到 IP 的形象，如果这个曝光度不够，粉丝如何在第一时间内被你抓住眼球呢？

其实玩吸睛大法，无外乎有三种手段。

第一种，混搭组合。

为何是混搭，因为混搭能最大限度地降低风险，一盘炒鸡蛋，可能有的人就不爱吃，但如果是青椒炒鸡蛋，那么不爱吃鸡蛋的可能会吃青椒，道理就是这么简单。在爱奇艺的影视战略布局中，就将青春玄幻两大题材进行了混搭，让两大受众群体结合在一起，形成粉丝效应的集成化优势。

混搭不仅是内容上的，更是渠道上的。一本书能聚集读者粉丝，一本书拍成电影之后能聚集观众粉丝，一本书改编成游戏之后又能聚集玩家粉丝……如果将三者巧妙地集为一体，那粉丝的受众面会扩大很多。无论 IP 走哪一条混搭路线，都是增加在各个粉丝群体中的曝光度，做到第一眼就打动人，不给受众转身离开的机会。

第二种，美颜优化。

不会打扮的内容不是好内容，IP 内容就像一个妹子，只有经过巧妙展现的美颜才能打动更多人的心。自然，IP 的形象有义务对内容进行衬托和表现，而我们所说的美颜并不是为了欺骗粉丝的"标题党""图片党"，而是将最出彩的内容以"缩略图预览"的方式推介给受众群体。现在影视圈中很流行的一个词叫"爆款矩阵"，就是让很多明星集中在一部影视剧中，形成强大的阵容。不过这种套路不是单纯地请几个明星就可以了，要让每一个明星都在最适合的角色和剧作中站位，而且要精细化所面向的粉丝群体，好比美女在自拍时找准拍摄角度一样，角度找对了，人们的视线自然就转移过来了。

第三种，短平快。

现在是一个信息爆炸的时代，每一个受众都面临着信息过载的情况，导致 IP 的曝光面越来越狭窄，受众不同程度地患上了"选择困难症"，所以 IP 的内容一定要越快进入受众的视野越好，否则会在海量的信息中迅速沉没。

在直播行业中，咸蛋家在众多平台当中力拔头筹，其成功点就在于他们能够将最优秀的内容曝光给受众而不浪费受众的一分一秒。在咸蛋家的主页上，不会庸俗地根据排行榜来为粉丝们推荐，而是通过分类罗列出来，比如专业主播直播教你化妆、教你塑形瘦身、和你一起品尝美食等，这样的曝光技巧能够让粉丝在最短的时间内做到陪你一起唱歌等。这就是通过推荐有价值的优秀内容吸睛，而不是单纯按照热度排布。

第四种，增添新元素。

既然我们谈的是 IP 的内容，那么这个 IP 的内容一定是先立足于某

个内容或者某个点，它不是一个精致的包装盒，而是一个写满了文字的记事本。如何让这个记事本引起人们的关注呢？增添新元素。每一个 IP 都有各自的诞生背景和时代环境，这些因素可能会制约 IP 的曝光度和粉丝的接受度，所以必须进行改良和精化才行。

还是以咸蛋家为例，在他们的直播平台上，会通过为中国直播娱乐综艺注入新活力来活化内容优势。咸蛋家从创立伊始便把"泛娱乐"的概念植入平台运作中，将直播平台和娱乐综艺节目有机地结合在一起，从而满足不同用户的体验感受，将直播和娱乐综艺相结合，会让原有的 IP 内容大放异彩，想不成为最强 IP 都难。

只有通过有效的曝光内容的方式，才能让 IP 不断积累更多优质的粉丝，才能为 IP 的增值打通一条新路。当然，IP 内容的吸睛大法，要从内容本身和营销推广两个维度同步进行，只做内容不做营销，内容就变成了容貌姣好但没有媒人推荐的"剩女"；只做营销不做内容，内容就变成了夸夸其谈的假广告，一旦被人揭穿再难翻身。

2. 搜索时代，你的 IP 要排在哪里

中国的 IP 市场在 2016 年发展到了火爆的程度，原创文学 IP、动漫 IP、影视 IP、文博 IP 等都被资本市场热炒起来，如此多的 IP 持有者和数量更为庞大的粉丝群体，已经产生了 IP 审美疲劳，在信息负荷越来越大的今天，如何让 IP 成为热搜词汇是一门技巧。

所谓的搜索时代，是指网民在很大程度上对搜索引擎依赖的时代，无论遇到什么问题都习惯先搜索一下。在智能手机普及的今天，搜索引擎的使用更加便捷，也更加频繁。正因为身处这个全民检索时代，所以 IP 的持有者们都在进行着一场心照不宣的合谋，利用人们检索信息和获取信息的升级炒 IP。

在搜索时代为自己的 IP 做一个准确的定位，是非常重要的，因为只有准确的定位才能有一个美丽的排名。搜索时代的一个特点是，庞杂的信息会被分门别类，视频类、文字类、漫画类、音频类等，本来只是做一首流行歌曲被归纳为音频类，本来要写一个小说被归为文字类，然而在统称为 IP 之后就变得高大上起来，会在内容价值上和文化巨头拉到一块。正是出于这个原因，大家都在一起推动 IP 这个词汇的整体热搜，目的是让每一个和"知识产权"相关的事情被赋予更广阔的想象空间。

有了想象的空间，各类 IP 才有机会进入热搜榜当中。但是想要让 IP 在排名上靠前，就要重视 IP 的核心价值——情感元素。

IP 的排名，首先排的是它自身的文化价值。这个文化价值的内涵就是，拥有打动人心的情感元素。没有情感元素的 IP，很难衍生出商业价值。当然，我们所说的商业价值不是一个产品能否卖出去的问题，而是是否跟期望中的最强 IP 价值相贴合的问题。迪士尼也好，《星球大战》也好，Hello Kitty（凯蒂猫）也好，这些 IP 都藏着巨大的商业价值，而前提都是具备了一定的文化价值。

中国市场对 IP 的排名其实有误区，在国外，很少有人用 IP 这个词汇去给 IP 定位排名，而是用 ICON（即图标）去称呼具有文化价值的 IP，也就是说将 IP 看成一种超级符号，只有具备这个属性的 IP 才具有重要的文化价值，才能产生商业收益。

商业价值是衍生的，并非是它的本质属性，IP 的本质属性必须要和人的内心和情感相关联，产生一种文化能量，而这种文化能量才是对一个 IP 最准确的定位，才能在搜索时代帮助一个 IP 上榜。

IP 的搜索属性要具备三个特征。

第一个是符号特征。

最强 IP 必须要有一个超越作品本身的代表符号。有些人会认为故事才是最强 IP 的文化价值，这是一种误读。比如 Hello Kitty，它是最强 IP，也是全球著名的文化符号之一，然而它的符号特征不是以故事来证明的，而是通过它的卡通形象来体现的，同理还有芭比娃娃，它们都是通过自身的形象深入到粉丝的内心和情感世界中，在被人开发成IP之前，就已经产生了文化能量。

从这个角度来看，故事只是IP内涵的一种延伸。**想要超越IP本身，就要在粉丝的基本情感中找到合适的定位，产生一个打动人心的情感点，这个点才是给IP排名的关键。**

第二个是心理特征。

所谓的心理特征，是指IP要占据粉丝的基本情感。现在有一些很虚假的伪IP，根本不能触动人类的基本情感，自然难以做大，比如很肤浅的社会话题，虽然能在短时期内成为热搜词汇，但是热搜度一过马上下榜，产生的文化能量十分疲软，其失败的原因就在于没有建立在人性的基点上，没有表达或者描述出有关人成长和进步的多方面内涵。

《超能陆战队》里的大白就是一个响当当的IP，具备了符号特征，也存在着守护和关怀的人性情感，自然就可以打造成最强IP，也能在搜索时代占据一席之地。

事实上，最强IP的人性基点都是普及性的和简单性的。《鬼吹灯》和《盗墓笔记》，虽然它们和《魔戒》《哈利·波特》这样的作品都属于魔幻故事题材，但是占据的人性基点是不同的。《鬼吹灯》讲述了盗墓贼和神秘文化、超自然力量的故事，但内容庞大没有突出正向主题内涵，而《哈利·波特》讲述了孩子成长的过程，文化力量更为强大，也就更容易传播和上热搜。

因此，**越是想从成人身上寻找IP需求的套路，越容易走向失败，因为脱离了人性本身的很多内容，错误地将营销思维当成了IP的思维。真正的IP思维是要在人类的情感中寻找到共鸣。**

第三个是情节特征。

虽然IP未必是一个故事，但IP都不难衍生出一个故事，而故事最应具备的就是情节特征。在泛娱乐化故事讲述的今天，一个好故事有着强大的吸引力，于是很多 IP 持有者们努力去编造故事，结果却适得其反，故事越编越离谱，越编越不被人接受，严重违反了情节特征的真正含义。

所谓 IP 的情节特征，不是以离奇的剧情成为热搜关键，而是以有血有肉的人作为故事的基础，一旦故事中缺少独特的文化符号或者违背了人类的基本情感，故事的情节会漏洞百出，经不起推敲，当然也就难以成为最强 IP。

从以上分析中可以发现，有那么一些 IP 不会在搜索时代被人关注，因为它们没有在粉丝的心理排名中上榜。比如，那种充满教化和社会化的，特指那些将小孩子变成小大人的 IP，都不会打动人心，因为这本身就是反人性的一种思维。另外，强调人伦关系的也不会成为最强 IP，因为它过于成人化，而且依托于特定的文化背景当中，一旦跨出国界，就会被异国文化的受众所不理解。最后，那些主题深刻的最强 IP 也是难以持久的，因为深刻的东西不是任意一个粉丝能理解的，也是人们从内心在排斥的，粉丝们更喜欢接受一个简单明了的主题。

此外，形象识别度差的也不容易获得排名，没有深入人心的形象如何打动粉丝。

所以，要想在搜索时代帮助 IP 扬名立万，就要紧紧抓住符号特征、心理特征和情节特征三大要素，这些要素正是网民们、粉丝们和用户们习惯检索的内容，它或许不直接体现在某个热搜词汇上，但一定植根于人们的内心，因为它关联到了人性最基本的需求。

3. 整合关键词，提高 IP 出镜率

几乎每一个 IP 的经营者都会头疼一件事：市场上这么多 IP，无论大小、新老还是真假，都有机会在受众面前曝光，那么我辛苦打造的潜

力 IP 如何快速被人发现呢？答案任何人都能给出来——提高出镜率。但是如何提高呢——整合关键词。

整合是什么？并非是单纯地总结归纳，而是要从社会大众心理出发，将具备 IP 属性的关键内容集合在一起，起到最先引起粉丝关注的作用。

到底什么是关键词，我们从 IP 推广的角度可以这样总结：具有网络性、时代性和社会性的词汇。其中最为常见的就是网络性——在互联网时代易于传播的属性。我们都知道，IP 的推广平台虽然分为线上和线下，但是最普遍最常见的还是线上，线上主要指 PC 端和移动端（手机、平板电脑及其他移动设备）。线上推广，就要遵循一定的互联网法则。

互联网的传播本质，是"传"而不是"播"。正如当年加多宝和王老吉之间的官司，虽然加多宝打输了官司，但是他们的品牌得到了推广，被更多的消费者了解，这就是传。因为传重在传出去，而播重在被人接受，互联网的模式更倾向于前者。

IP 也是如此，"传"的意义大于"播"的意义，因为播需要受众进行理解和消化的过程，在追求短平快、短期回报的今天，会让资本市场有所忌惮。

互联网传播的另一个特征是，形象不是一成不变的，会在不同的平台不同的时期发生变化，比如苹果可以被粉丝理解为一个科技形象，也可以被专业人士认定是创新形象，也可以被媒体评价为消费者创造高品质生活的形象。也就是说，IP 是可以跨界、跨越人群的。在这种多形态转化甚至是形态并和的时代，不抓住一个 IP 的关键词，是难以保持原有符号形象的，这就需要锁定最不受形态影响的关键词。

2016 年，"蓝瘦香菇"这个段子在网络上被引爆之后，深圳市蓝瘦香菇实业有限公司很快诞生了。从注册的工商信息中可以看到，这家企业的经营范围非常广泛，除了电子电器产品外，还涉足汽车配件、安防器材、服装面料等，另外还有与市政工程对接等业务，似乎跟"蓝瘦香菇"字面上的饮食语义不大相同，但是没关系，因为这是一个 IP 关键词。

在 IP 狂欢的时代，无论是影视行业还是动漫、游戏产业，人们对 IP 的迷恋和资本对 IP 的追逐，已经到了近乎疯癫的程度，流行词汇被各大公司抢注也不是什么新鲜事了。当然，这种行为更多是为了博眼球，营销意义远大于内容价值。现在，社会大众的消费心态比较理性，IP 的营销属性再强也未必真的能打动他们，不过从短期来看还是有作用的，因为企业的发展既离不开长期的信誉积淀，也离不开短期的口碑传承。

网络流行语是"IP 开发"的良种，然而这颗种子必须要精心侍弄才行，否则很难长成参天大树。**现在由网络流行语变成的 IP 越来越多，从 IP 应该具有的符号特征这个角度看，流行语是一种极易传播且极易被识记的语言符号。**事实上，IP 需要在不同群体中不断传播，这涉及两个层面，一个是传播的广度；另一个是传播的深度。

所谓传播的广度，是指面向的受众群体的广泛性，所谓的传播深度体现了受众群对其喜爱的程度。那么对于网络流行语而言，广度自不必说，深度则要看语言符号背后隐藏的东西。以"蓝瘦香菇"为例，它表达了一种情感，和失恋有关，是当下年轻人经常谈及的话题，也是一个能够触动人心情感基点的话题，因此从广度和深度上看具备了 IP 符号性的特征，在操作得当的前提下，受众会愿意为这个符号买单，也会产生一定的 IP 黏性。

整合关键词的核心是收集相关的大数据，特别是在考量一个 IP 是否具备足够的传播深度时，没有可靠的数据支撑会面临很大风险，通常这些数据包括和 IP 有关的网站点击数、转发数、浏览量、新闻词条数等，只有掌握这些数据才有利于分析 IP 在其他多平台的浏览人数和转化率等，否则 IP 的价值就要打上问号。

判断一个 IP 是否有巨大的变现潜力，并非单看它是否流行或者是

否是为爆款产品，这其中不能忽视时间的检验。IP 持有者想要打造和检验一个优质 IP，需要从传播的空间和时间两个因素来综合衡量，缺少任何一个因素都不行。那种想要通过快餐的方式制造 IP 的，最后的结果往往都是粉丝不买账。

前几年流行的网络语"贾君鹏你妈妈喊你回家吃饭""给力""神马都是浮云"……虽然它们一度大行其道、脍炙人口，成为网络文化的一个晴雨表，它们并非都是无厘头，很多正是贴合了社会大众的心理才走红的。比如那句"最近钱还够用吗?"一度引发不少网友的共鸣，特别是到了年关岁尾更是深有感触。后来人们才得知，这是交通银行信用卡采用的"网络流行语"营销新模式——尽管套路满满，但足以证明 IP 关键词选取的重要性。

通常，IP 关键词要具备三个特征。

第一，引发共鸣。

不管是什么样的营销活动，只有首先获得大众的认同，才能有机会广泛传播和深度传播，感情这条线是 IP 不能忽视的，也是 IP 深入受众内心的法宝。在物价上涨的消费环境下，一句"钱还够用吗?"确实让人眼前一亮，仿佛得到了真的关怀一般。当时交通银行正是通过首次刷卡消费满 200 元赠 100 元刷卡金的营销手段，引起了不少人的共鸣和思考，这就是整合关键词的妙处所在。

第二，切中要害。

只有切中要害的营销，才是有效率的营销。作为 IP 的关键词，一定要能根据自身的特质来寻找对等的目标。比如一个信用卡机构，要知道什么时候才是人对金钱最渴求的时刻，而且要结合现代人手头普遍紧张的现状，比如超前消费，这就是一个社会大众都有所认同和感受的关键词。只要切中了要害，就能戳中受众的痛点，就会起到应有的营销效果。

第三，积极互动。

IP 不是一个空泛的词汇，它势必会跟很多粉丝很多社区和内容联系在一起，一个词汇打动了粉丝还不够，还要和粉丝积极互动，感受它们的反馈意见，明确它们的真实需求，这才能让 IP 和粉丝之间形成良性循环的强关系，才能在广度和深度上造成更大的影响。

粉丝最忌讳的是虚假宣传和篡改 IP 的核心属性，再巧妙的事件炒作都必须以力度大、实质性的回馈为依托，否则只能是镜中花、水中月，特别是商业化的 IP，要在吸引了受众的关注之后，尽快让受众得到实质的好处，可以是物质层面的，也可以是精神层面的，但这个回馈一定是要有的，否则就跟恶意炒作毫无区别。破坏了 IP 的口碑，也等于流失了粉丝和受众基础。

4. 寻求差异化，做独一无二的 IP

我们探讨过 IP 的"个性化"，不过个性化是从 IP 内容的角度来看的，IP 要想在市场中击败同类竞品 IP，还要针对这些竞品具有差异化的优势，差异化和个性化相比，更强调 IP 的竞争属性而非内容属性。

通常所说的差异化战略，是指提供的产品或服务在全行业、产业范围内的独一无二的属性。差异化战略，是一种领先策略，它要求企业在客户广泛重视的某个方面独树一帜，也可以是指在成本差距接近的情况下和竞争对手比产能、服务和质量，从而凸显出竞争优势。

实现差异化战略有常见的几种办法：打造品牌形象，创造技术特点和外观特点等，当然这些都是针对产品而言的，**对 IP 来说，品牌形象不变，技术特点就是内容核心，外观特点就是符号特征**。一个成功的差异化战略，应该是在多个层面的差异而非一个点的差距，IP 没有产品那么复杂，所以在一个层面的胜出也会让它在整个 IP 市场中具备强势的竞争力。

IP 概念被热炒，热门 IP 的价格也水涨船高，然而整个 IP 市场并不成熟，产业链还不够完备，特别是 IP 运营在行业中是一片空白，然而从竞争角度看，只有强化差异化竞争策略，才能避免小 IP 撞上大 IP，国内 IP 撞上国外 IP，新 IP 撞上老 IP……粉丝的数量差异会让弱势 IP 毫无竞争胜算。

很多 IP 运营孵化的互联网公司，由于资本不是非常雄厚，IP 的品牌知名度也不够高，但是也能发展出适于自身的商业模式，就在于对 IP 差异化的经营。比如稀客，它是一家专门孵化创意人的作品，会将这些 IP 作品进行系统化、立体化运营，从而攫取不同的受众群体，打造一条独具特色的产业链式运营，和其他类型公司拉开距离。

稀客帮助 IP 内容运营和市场合作，会在很多品牌中进行植入，比如 IP 商品化授权，同时参与其他商业行为，比如授权给文创地产项目等。这就是用一种独具特色的艺术元素进行变现的 IP 轻产业链，它的优势在于，能够根据不同 IP 选择符合 IP 调性及目标受众的合作方和授权方。通过这种方式，稀客目前成功孵化 15 个各具特点的 IP，每一个 IP 都具有独特的辨识度，难以复制，在小受众群体中聚集着一批死忠粉。

在网络竞争日益白热化的今天，很多 IP 持有者已经从早期的流量争夺变成了用户黏性的争夺，他们将 IP 的内容视为关键的成功因素，因为只有内容才能区分 IP 和 IP 之间的差异，也最能凸显出 IP 的价值。

以中国的影视圈为例，在 2014 年掀起了网站自制剧元年的风潮，不少视频网站将业务的发展方向集中到了网络自制剧上。到了 2015 年，"一剧两星"政策正式开始实施，给网络剧的发展带来重要的推动作用。因此视频网站推出自有品牌的强 IP 视频内容，为以后的影视娱乐内容产业链开发奠定基础。现在，网络自制剧无可争议地成为视频网络圈流量和吸金主的重要发力点，秉承这种思路，才能将 IP 的差异化做大，提升自身曝光度和竞争力。

作出 IP 的差异性仅仅是第一步，第二步还要加强差异化的持续性。

因为只有长期曝光才能在受众心中不断产生影响，产生高品质的 IP。比如很多视频网站，有从高价购买 IP 到自制 IP 的趋势，因为自制的 IP 更可以控制它的内容，有利于根据市场新变化的环境增强竞争力。

在"粉丝经济"大行其道的今天，精品 IP 就是特色 IP，需要深度挖掘用户粘性和品牌化的内容。 内容的差异化要根据市场进行调整，比如市场上需要悬疑探案类的网络剧，需要黑色幽默的网络剧，就要制造这一类的 IP，让受众自动寻找到符合他们心理需求的 IP。比如在切入角度、内容定位、话题选择、人物塑造等方面，这些都可以打造出 IP 有别于其他 IP 的优越性甚至是超越性。

IP 的差异化要体现出是否关注受众的现实生活，IP 的特色是不脱离时代局限，受到时代局限的 IP 必然不能长久。 比如在一些网络自制剧中，题材不再脱离大众，而是将聚焦年轻人——主要受众群体的生活百态，让他们产生共鸣，比如优酷曾经推出的《男人不醉》，讲述的就是一群生活在上海的"80 后"男女之间的友情、爱情、亲情，一经播出，就受到了年轻视频用户的关注。

IP 的差异化还有一个不容忽视的范畴，那就是做小众 IP。有人会觉得小众 IP 如何能赢得市场？其实这是一种想当然，一些专业人士分析过：越是受众面相对小的 IP，在内容上会更加精致，因为它们面向的人群比较单一。

网络自制剧《执念师》，并非由热门 IP 改编，没有强大的生产方作为后盾，也没有基数庞大的目标受众，但是因为充分考察了市场，很轻松就摸准了小众用户的心态和习惯，打造了一部良心之作。有了良好的口碑之后，持续推出新的内容就成为可能，也更容易被粉丝认同。另外，像《纳妾记》这样的网剧 IP，是以粉丝群体的视角为切入点，目标精准地定位到"90 后"和"95 后"身上，绝非简单粗暴地设定为"年轻网民"，因此融入了很多这个年龄段的受众关注的流行元素，比如穿越、悬疑等，直击用户需求，目前播放总量已超过 10 亿大关。

从这些事例可以发现，IP 无大小之分，主流题材也好，小众题材也罢，只要有粉丝，IP 就有变现的可能，哪怕是一个之前名不见经传的原创 IP，只要自身定制了受众的需求，就能起到"以小搏大"的作用，成为叫好叫座的大 IP 和优质 IP。

网络军事娱乐节目《军武次位面》制作之前，曾经做过大数据分析，将用户锁定在了 18 ~ 30 岁年轻的男性上。因为制作团队认为，这部分的群体喜欢现实题材的游戏，然而这一类的玩家伙伴很少，导致一种孤独感油然而生，因此才有一种在网上寻找组织的强烈归属感。

越是小众人群越容易产生认同，而大众的反而不会，甚至会因为 IP 持有者过于相信受众面广而玩砸，因为他们尝尝忽视了一个现实：**同类 IP 并不是只有你在做，你所谓的粉丝也不是只粉你这一个 IP。从这个角度来看，通过抓取小众 IP 更容易建立社群基础。**

IP 市场变得越来越混杂，既有年轻群体长江后浪推前浪，也有成熟的受众掌控着话语权，如果不进行细分市场，模糊定位你的 IP，那么很可能会创造一个谁都不讨厌但也不喜欢的 IP。对于成熟的 IP 消费群体来说，他们更多偏重情怀、回忆这些元素，而对年轻群体来说，他们对多元化和新鲜度的要求很高，这两条标准几乎适用于任何一个 IP 市场。

如果说将受众的切入点做开是开路先锋，那么对 IP 内容的深耕就是殿后部队。时代在变化，粉丝在变化，市场也在变化，IP 不变不可能。只有将优质的内容作为 IP 的打入市场和打动粉丝的基础，才能实现破局之势。

想要打造独一无二的最强 IP，必须要创造优秀的基因，而这个基因就是品质。在大数据时代，只有借力详细的数据分析才能锁定受众的喜好，才能进行精确投放，做出强 IP 的价值发掘，让 IP 的差异化优势得以显现并超越竞品。

5. 拒绝"素颜"，巧妙包装 IP

IP 的内容通过 IP 的形象来展示，一个辨识度高且有亲和力的 IP 形象，自然能吸引更多的粉丝关注，反之一个与内容不符、不讨人喜欢的 IP 形象，会让 IP 在市场竞争中先输一招。无论具备多强的内容，IP 都需要包装，我们所谓的包装并非单纯指炒作，而是从内容、形象等多方面的加工程序。

所谓的 IP 包装，从属于腾讯互动娱乐的一个全新营销理念——FUN（拥护者）营销，而这种营销的战略思路本质上就是 IP 包装。IP 的本义是知识产权，然而在营销范畴里，IP 的概念是可以不断扩大的，对此腾讯互动娱乐进行了一些修改和调整，让它更适应当下社会环境的变化。这种新的设定就是，所有能够留存和承载粉丝情感的符号，都是 IP。

所谓的留存，是单纯的保存，如"80 后"记忆深刻的《黑猫警长》《葫芦娃》等，而承载的意义就不同了，是能够延续这种情感变化的。显然，**IP 包装的最终意图是打动粉丝的情感，那种单纯博取眼球的做法已经过时了。**

IP 包装主要涉及三个方面。

第一个方面是 IP 共享。

IP 共享就是让同一个 IP 影响下的粉丝，能够被相同的感情所打动，这就是 IP 的成功。腾讯将门下的爆款移动游戏《天天酷跑》和周大福的品牌合作，将黄金饰品和移动游戏连接起来，展现出了 IP 共享的含义，敲定了"金枪小帅"这一深受广大玩家喜爱的 IP 形象，同时还举办了"跑出你的黄金时刻"活动，超过 300 万的用户报名参加，用网络共享精神间接完成 IP 变现，可谓棋高一着。

第二个方面是 IP 延展。

IP 延展是让 IP 原有的内容价值得以扩充，从一个点变成多个点，从而覆盖更加广泛的用户群体。IP 市场的复杂性和受众群体的不稳定性，需要 IP 具有一定的"野外生存能力"——在 A 领域吸粉效果不佳之后能在 B 领域补充新的粉丝。当然，IP 的延展性并不体现在粉丝重叠度高的 A、B 领域之间，而是跨界指数较大的 AB 领域，避免营销风险的叠加。

第三个方面是 IP 共建。

IP 共建是让 IP 通过多渠道多领域的再生，涉及更多层面，但是和 IP 延展相比，IP 共建体现在营销层面，而 IP 延展体验在内容方面，共建反映的是 IP 和其推广渠道、孵化平台的互生关系，也包括和其他 IP 的战略合作的融合度。一个只能自己跟自己玩的 IP，注定缺少更多营销套路，也会流失原生领域之外的潜在粉丝。

腾讯互动娱乐制定了一条泛娱乐战略，就是敲定了明星 IP 成为腾讯互娱的主要方向，它基于"泛娱乐"战略和"明星 IP"包装手段的营销活动，长期占据了公众的眼球，引发了一个有关泛娱乐时代的话题探讨，而腾讯互动提出的 IP 包装，成为了一种新的营销模式。此外，腾讯与上海通用汽车的合作，正体现了"IP 共建"和"IP 延展"的体现，在他们合作的三款车型当中，借用了《变形金刚》里的"大黄蜂"，将其改造成了欧迈罗，随后又将这个车型推广到了《天天飞车》的游戏中，最后成为了玩家最喜爱的一款车型。这就是既将扩充 IP 内容又扩大 IP 营销领域的典型策略，让 IP 领跑汽车和游戏两大版块，这种 IP 包装也让营销成绩十分可观。

IP 包装可以找到很多切入点，商业的和非商业的，主要有三个切入点。

第一，IP 的情感性。所谓情感性，是能够发出受众情感心理的内容点和营销点。如今，用户在移动互联网时代要接收到很多信息，所以就拥有了自主过滤和选择信息的权力。在这种背景下，**只有尊重并迎合粉**

丝的情感，企业的营销信息才有被用户接收和认同的可能。

第二，IP的娱乐性。所谓娱乐性，是IP能够让粉丝感到愉悦和触动，当然这个娱乐不单纯是让用户高兴，如果能把《世上只有妈妈好》这个歌曲IP做出来，即使粉丝哭的稀里哗啦也只是符合了娱乐属性，没有体现出IP的其他特征。简单来说，娱乐性是体现用户情感满足的需求，触动用户的情感共鸣和认同。

第三，IP的互动性。所谓的互动性，是指当用户或者粉丝的群体越来越大时，就要把IP推广理解成为一个平台的推广，而在平台上就要让粉丝产生参与感，否则只能是单向的推广，不能完成粉丝和IP的情感互动，粉丝一旦不想继续投入感情，这个IP也就玩完了。

对于个人IP来说，不包装IP形象是难以立足市场的。现在很多经纪公司，会将自身定位为一个包装明星艺人和推广的平台，会把品牌创建视作推广个人IP的核心，但是如何包装却各有不同。总体来看，只有将当下移动互联网的高速发展的时代背景当成包装的灵感源头，才有希望让个人IP吸纳更多的粉丝。

网络宣传的力量是强大的，从广义上看，每一个人都是自媒体时代的明星，都是一个潜在的内容创业者。利用自媒体，能够迅速引发粉丝效应，而粉丝效应就是通过新媒体的方式赢得个人IP，进而对整个网络宣传推广平台产生巨大的推动作用，而平台又会继续推动个人IP的发展，形成良性互动。

个人IP的打造，离不开专业的团队配合和辅助。通常一支成熟的团队当中，有专职的写手团队，他们可以根据客户的需求，迅速出稿并发到包括门户网站在内的诸多网站平台，增加个人IP的曝光率，而且会吸收幕后策划包装的微商和众多知名团队、大咖的经验，这样的个人IP推广才能具备远大的发展前景。

个人IP可以通过线上社交和线下见面的方式，创造新型的偶像和粉丝的互动模式，并强化这种模式于一个固定的粉丝服务平台上，这样就能打通偶像和粉丝之间的重重障碍，加强互动性，有利于 IP 包装的落地，低门槛会造成高流量，而高流量意味着个人 IP 会在最短的时间内吸收最多的粉丝，维持 IP 的生命周期。

现在，很多企业和机构意识到了 IP 包装的重要性，他们会开创一些明星学堂，内容包括影视大腕、商业大咖、电商巨头等，通过传授成功经验，以系统化、技能化的方式进行分层整合讲解，迅速提升学员们的综合素质，为个人 IP 的打造指明了方向。

在移动互联网时代，移动用户的群体在迅速增长，因此如何包装 IP 越来越成为一门技术，也是打造强态 IP 的必由之路。每一个 IP 持有者应该知道，在众多可以选择的 IP 切入点面前，**任何一条路都有可能走通，任何两个看似不联系的内容也可能跨界合作，这就是时代的特征，也是 IP 长盛不衰必需的因素：不断和互联网、和粉丝、和时代相互渗透、影响、补充和融合。**

6. 开放思维，做"立体化包装"

不包装的产品是低劣产品，包装不好的产品是低档产品，对于 IP 来说，包装技术的高低影响了它在市场上呈现给受众的直观形象，于是有人认为，只要将流行元素和 IP 绑定在一起，就能起到最直接的打动受众的作用。

由于 IP 的概念范围很大，从理论上讲，所有的流行元素都能够进行 IP 化，而不是只局限于文艺娱乐领域，比如近几年有一个很火的综艺节目叫《崔神驾到》，这个崔神不是娱乐明星，而是北京和睦家医院的儿科主任崔玉涛。

一个儿科大夫如何成为了一个 IP 呢？崔玉涛是一个典型的垂直细分领域的专家，他特别针对母婴人群发挥他的行医技能，甚至有一些儿童患者亲切地称他为男神，还有一些大牌明星将崔医生当作自己的顾问，因此《崔神驾到》的节目给乐视带来的收入要超过 1 亿元。崔医生的每一期节目都有高达几百万的流量，俨然从一个医生转型成了一个娱乐明星。那么，他的节目到底有何特别之处呢？

原来，崔玉涛的节目内容，不仅是针对医疗，还包括了和生活相结合的内容，正所谓触类旁通，开发 IP 衍生品。从《崔神驾到》这个节目的火爆可以发现，未来的 IP 市场，一定是将内容和生活进行紧密的结合，不管你做的是哪一类的 IP，即便是非常冷门的，只要你能巧妙地将 IP 的核心内容与受众的现实生活相结合，就能将自己打造成某个领域的娱乐式的明星，这就是流行元素的 IP 化，也是 IP 包装的核心思想和套路。从另一个角度看，《崔神驾到》打开了固有的营销思路，不局限于原生 IP 的属性，谁最流行我就跟谁走，不愁没有观众和市场。

任何一个 IP，只要在内容创造方面不断推陈出新，就能有效地抓住原有的受众市场，同时还能扩大粉丝群体，这需要 IP 的经营者从认知上扭转一个固化思维：IP 其实是一个非常宽泛的概念，越是狭隘地理解和运营 IP，你的 IP 价值就会越小，粉丝群体也越单薄。崔玉涛是 IP，papi 酱（姓名：姜逸磊）也是 IP。

当然，包装一个 IP 涉及很多专业化的操作，如果你或者你的团队无法包装一个 IP，那么不妨走曲线的方式，去做 IP 的平台。

目前 IP 市场呈现出两个显著的特点，一个是 IP 概念的宽泛化，另一个就是 IP 运营的平台化。当一个 IP 运营团队无法持之以恒地产出内容时，可以将自己打造成为一个孕育 IP 的平台，有一个专业化的名词就是 PGC，英文全称为 "Professionally – generated Content" 的缩写，中文翻译为 "专业生产内容"。

有人认为 IP 平台不如 IP 本身赚钱，这就大错特错了。**打造出一个好的 IP 平台，与通过 IP 产生的流量分成相比，更现实也更具变现效率。**如果盲目去投资那些毫无把握或者难以预测的原创 IP，还不如去做一个开放性的 IP 孵化平台。

乐视是一个开放性思维很强的公司，它做了很多终端，当它拥有 2 000 万家庭用户时，以每个家庭有 3~4 个成员计算，就相当于 8 000 万用户了，如果算上 5 000 万手机用户，会让很多好的 IP 内容送货上门，因为他们需要这样的平台培育和宣传自己，这时候乐视只需要控制好一些一流的内容，而其他的则交给别人去做，大大节约了成本，也规避了很多风险。如果乐视不能开放思维，一门心思只做自己的一亩三分地，恐怕会失去很多流量。

既然谈到 IP 的包装，那就不可避免地遇到一个问题：一个不太好的 IP 如何包装呢？

当初《芈月传》在播放的时候，由于剧组比较保守，不太注意套路包装的手段，导致这部后来的神剧在豆瓣上只有 5 的评分。导演甚至想重新剪辑，有人劝他说有争议才是好事，没人讨论反而不会引起注意，后来证明这个套路是正确的。在互联网时代，经不起网民发酵的 IP 都不是好 IP，只有不断开放自己，才能为 IP 挣得更多的曝光机会。

在互联网时代，IP 的成长不是 IP 创作者来决定的，而是你的受众关注后决定的，只有当你时刻关注着 IP 市场的风向变化，才能抓住和创造有利的机会，否则会死得很惨。那种 IP 没有运营好却盲目压制舆论的做法，往往是最愚蠢的。

当然，IP 包装大法并不能保证所有的 IP 都能火爆，对于那些真的很烂的 IP，再深的套路也无效。作为一个 IP，最基本的属性要求必须要有。第一，IP 必须要讲完一个故事，只有当你的故事是完整的，你所传递给受众的情感才是合理的，才能打动他们，将受众升级为有消费欲求的粉丝；第二，IP 要自带槽点，如果没有槽点就没有了看点，也无法得到市场的关注，因为受众需要的不是完美，是一种和 IP 互动的发泄快感。

包装 IP 一定要进行社会化的营销，除了传统的微博微信等基础营销之外，像豆瓣、B 站、贴吧这些阵地都不能丢弃，因为这里散落的信息很可能对 IP 的成长至关重要。

宫斗题材电视剧《甄嬛传》首播的时候并没有火爆，而是在重播的时候得到了关注，这是因为《甄嬛传》团队具有强大的二次炒作能力，剧中那些受人吐槽的台词和各种表情包，都不断推动《甄嬛传》成为一个超级 IP，因此在电视剧圈子里流行一句话："不产生表情包的电视剧不是好电视剧。"表情包是什么，它正是受众在网络互动中的一种发泄和倾诉。

以乐视为例，他们的社会化营销团队基本都是网生代——"90后"，他们对互联网世界非常了解，每个人盯住一块阵地，而且和每一个阵地的意见领袖保持良好的关系，比如贴吧的吧主、豆瓣的版主等，这些在传统营销时代毫不起眼的角色，在互联网时代却有着极其重要的地位和作用，只有那些乐于做深度营销的团队才了解。因此不少 IP 的运营者在包装他们的 IP 时，会邀请这一类的大咖制造新闻，甚至参加各种新闻发布会，将一个 IP 在各个网络阵地上不断炒作，通过开放性的思维和营销手段，对 IP 进行立体化包装，触及更广泛的受众群体。

第四章

谨慎第一，论 IP 的禁忌原则

1. 超级文艺的公众号是怎么死的？

当内容创业成为流行趋势之后，经营个人 IP 成为创业者的新奋斗目标。从投入和付出来看，公众号 IP 是所有自媒体 IP 中较容易操作的一种，因此不少内容创业者一头扎进这个平台中并自嘲为"公号狗"。

当然，公众号 IP 并不代表着绝对意义上的原创，因为它只代表了一个平台，在这个平台上可以产出原创，也可以产出非原创，只要将公众号定位明确，内容投放精准，号清受众的脉搏就没什么问题了。然而在这条探索的道路上，不少人中途失败。

纵观当下的公众号，最容易大火的还是偏文艺类的较多，因为手机端用户消费的是碎片时间、睡前时间，不喜欢太严肃、太专业的内容，所以文艺类的公众号非常多。有意思的是，所谓的"文艺 IP"很少在艺术界和互联网界被系统地定义，甚至没有人认真讨论过它的存在性，导致人们对"文艺 IP"的概念描述十分模糊和宽泛。也正是这个误区的存在，让一些超级文艺公众号走上"死亡之路"。

　　我们所说的死亡之路并非是某某公众号彻底消亡了，而是脱离了受众，变得孤立、冷清甚至无人问津。实际上，个人类的公众号要比企业号更加受欢迎，而超级文艺的公众号是将个人的内容做成了企业的内容，导致粉丝的不买账。为什么会这样呢？

　　看看当下比较火的咪蒙，她通过一篇《致贱人》的火辣文章刷爆朋友圈，在短短五个月里微信号粉丝数增长到 200 万，其他文章阅读量轻松超过 100 万，随后微博女神 papi 酱横空出世，用了不到半年的工夫就斩获超过 800 万粉丝，微信文章篇篇突破 10 万大关，捎带脚还融资了 1 200 万元。另外火爆的一些个人公众号如李叫兽、伟大的安妮等，都是以个人名义发文而火起来的。

　　显然，个人公众号在内容产出上，不会像企业公众号那样受制品牌的限制，因此能发生现象级的崛起，也更容易被广大粉丝们追捧。当然，像果壳网、新闻哥等企业公众号也有不少拥趸，只是和个人类的相比没有那么受关注罢了。其实，除去内容受制的因素，更关键的短板是，很多企业公众号让粉丝感受到一种特质，这种特质很难用一句话来形容，因为它所体现的是一种态度和方式，正是这种特质让这些公众号逐渐远离了社会大众。

　　那些超文艺的公众号，做得过于浮夸和不接地气，让粉丝们很难感受到具体内容的存在。当然这个评价很宽泛，如果仔细分析会发现，这一类的公众号没有树立起具体的 IP 形象。反观那些火爆的公众号，都是有着鲜明的形象，让粉丝觉得在身边能找到影子的。与其说它们是受欢迎的公众号，不如说是深受欢迎的 IP 形象。相比之下，超级文艺的公众号太过"飘"，它们不想展示出具体的人和事，搞的空灵甚至空洞，缺乏鲜明的个性。

　　事实上，**火爆的个人公众号和企业公众号，都是代表了社会的某个群体，满足了这一部分人的心理认同，这是它们成功的法则，也是未来公众号发展的不变规律。**文艺本身没错，但是产出的内容东一榔头西一棒槌的，让人摸不清明天会发些什么内容，甚至不对自己的受众群体进行一个大概的调研，无意中惹恼了粉丝，人家不取关才怪。

缺乏辨识度是另一个失败的原因。

做得好的公众号，会努力给自己找到一个定位，不会为了内容而产生内容，因为现在受众面对的是信息过剩和信息雷同，你呕心沥血弄出一篇影评，却发现另外一个公众号也弄了内容相当的文章，你还指望大家都过来拜读你的文字吗？这也是很多企业公众号干不过个人公众号的主要原因。

如今粉丝经济已经进入了规模化时代，特别是 2016 年达到了顶点，粉丝的爆发跟随的是内容的饱和，内容的饱和带来的自然是内容创业的风险性剧增，因此只有创造独特的、有个性的内容才有机会被人发掘。从这个角度来看，超文艺的东西最难做出辨识度。比如你讲了梵高凄惨传奇的一生，在文中为他默哀和叹息，这种简单纯粹的人类情感如何做出清晰的辨识度来？换个思路，如果你去挖掘一下梵高心理成因的图谱，哪怕发表一些有争议的内容，都会让你的受众群体扩大。简而言之，太文艺的东西是务虚的，而务虚本身就是飘忽不定，何谈辨识？

其实，超级文艺公号的没落和失败，也是没有认清互联网社交平台的演变过程。一般来说，互联网社交平台的发展需要经历三个时期。

第一个时期是内容产出，该时期的代表是微博和微信。在这个阶段中，大家都还是无名小卒，都是摸索着自己的发展方向，而粉丝还不是粉丝，因为他们也没弄清自己的需求，更不可能找到自己的偶像，只能单纯地通过信息检索来发现自己感兴趣的内容。**这个时期能火的也只是社交群落，鲜有个人单打独斗能做大做强的。**

第二个时期是 IP 产出。在这个阶段中，网络红人出现了，粉丝效应出现了，很多跟风者也产生了，于是发生了内容严重同质化的现象。粉丝们也审美疲劳，他们需要在短时间内过滤无效或者低价值信息，于是他们开始寻找偶像，寻找和自己三观相近、代表所在社会阶层的人。相对的，网络红人们也会给自己准确定位，他们懂得利用差异化内容去吸纳粉丝。于是各类个人公众号出现。

第三个时期是情感产出。在这个阶段，网红们的"吸粉大业"基本完成，受众们也有了心灵归属，接下来的事情就是双方的互动。一个网红或者一个公众号能持续多久，比拼的自然是互动性的强弱和亲密度的亲疏。这个阶段是比较微妙的，因为没有人愿意成为别人的粉丝，只是一种信息不对称造成的不平等的社交关系，所以成为你的粉丝不是最终状态，而是一种社交动态，粉丝逆袭成为明日的偶像的事时有发生，这就是粉丝主观能动性带来的行业变化。

超级文艺的公众号，在这三个发展阶段中，几乎都处于不利地位。

在内容产出时代，超文艺的内容比较小众，也找不到有效的依托平台，无论是微博还是微信，其受众群体都非常广泛，用超文艺的内容去筛选粉丝，本身就是一个很困难的事情，更甭提如何留住粉丝了。

在 IP 产出时代，超文艺的公众号由于缺乏辨识度，很难让更多的潜在粉丝进行转化，只能通过时间的慢慢积累去碰，然而正是这种被动性，造成了其他公众号的崛起和超越甚至是完全替代，当越来越多的公众号 IP 出现后，超文艺的公众号自然缺乏吸引度了。

在情感产出时代，超文艺的粉丝们本身就所剩无几，而且他们也面临着寻找新阵地的现实困境，相对地，公众号也因为前两个阶段的竞争失利，失去了继续发展的动力和转型的信心，而文艺类的内容做互动又容易产生分歧和矛盾，稍不留神，掉粉取关的事情就会发生，更不用提深度的共情了。

看看火爆的 papi 酱，就知道受众需要文艺，但需要的是接地气的文艺，文艺不是梵高的向日葵，也不是汪国真的抒情诗，它是搞笑优质饱含讽刺的文章、视频、动漫……只有这些个性独特的体验，才能让粉丝们疯狂和追逐，才能引发现象和潮流。

人类虽然以超强的理性区别于其他动物，但是从人性本身出发，人们还是更依赖于感性做出的选择。而感性认知的一个特点就是：越抽象的东西越难理解，越具象化的越好理解。这就是为什么虚幻的超文艺难以走进人心的根本原因，人们只喜欢看得见摸得着的东西，或者至少要对虚无的东西有一个基础的形象认识。人们的情感总要从具象走向抽象，不会被抽象的文艺性所打动。想要你的个人 IP 不死，请适时地远离"文艺"。

2. 绑定粉丝就是绑定 IP 价值的最大化

IP 时代，粉丝是 IP 价值的人格化体现，而粉丝又是一个变量，即便是超级 IP 也有生命周期，能否留住粉丝是经营 IP 的关键。

从互联网发展的角度来看，社交类软件和社交平台，不断对用户的社交需求进行着完善。就像人们常说的那样，互联网时代的特点是去掉中心化和同质化。那么，无论是经营平台 IP、内容 IP 还是个人 IP，要想在粉丝争夺战中保持不败之位，就要学会对自身进行差异化营销。

差异化是对粉丝的最大尊重，同质化是对粉丝的最大不敬。

粉丝耗费社交成本去关注你，不是为了得到千篇一律的内容，而是为了获得不一样的体验，这个体验只能由 IP 来提供。无论是 IP 的经营者，还是互联网的从业者，都要确立差异化内容服务 + 独特品牌个性的模式，只有在这个模式之下才能给粉丝最极致最与众不同的体验。

一些公众号或者微博号的 IP 经营者会发现，为什么自己很努力地做内容、维护平台，粉丝的增长量却如此缓慢甚至有倒退的趋势呢？这里有一个很可怕的误区：用户＝受众＝粉丝。

我们在前面的文章中，有些使用了"用户"，有些使用了"粉丝"，也有些使用了"受众"。这不是在炫词汇量，而是三个概念存在着质的不同，下面我们就稍作分析。

概念范围最大的是受众，它是信息的传递终端，不存在明显的感情色彩。其次是用户，它是对信息敏感的群体，是该信息传递的商品或者服务的相关内容的使用者。最后才是粉丝，它是该信息以及信息发布端的忠诚用户群体。

很多人在经营IP的时候，没有清晰地区分这三者的差别，错误地把用户或者受众当成了粉丝，然后也很是"科学"和"人性"地进行分析，从而给自己定位，这是大错特错。

从IP的角度来看，最有价值的群体永远是粉丝，只有粉丝才会给IP带来真正的价值。比如，你宣传一部电影，有受众得知了这个电影，但可能不会去看，还有一些受众变成了用户，看的是盗版电影，只有真爱的那群人成了粉丝，花钱去看电影。

粉丝这个词汇，最早是来源于娱乐圈，所指的也是追星一族，现在泛指对某种事物狂热喜爱的群体。

对于公众号和微博号来说，到底是受众多、用户多还是粉丝多，从你的平台受关注、受追捧的热度就可以看出。方法很简单，当你的平台缺乏增长力的时候，如果需要借助外部因素，比如活动、推广才能有所增长，而一旦回落就会倒退，显然你吸附的不是粉丝或者是少量粉丝，他们没有追捧你，你吸收到的只有少量的受众。

真正的粉丝，是不会轻易抛弃一个IP的，而只有用户才会抛弃，因为他们需要的是付出代价更低的替代品或者功能性更强的超越品，只要发现符合这些条件的目标，他们就会抛弃你的IP。从反向观察的角度看，能轻易被用户抛弃的也不是真IP，或者说是一个不够成熟的IP。

一个平台，如果缺乏自然增长的内在动力，再劳心费力推广下去，其实意义不大了，硬性拉入用户只能给用户带来坏印象，透支用户对平台的信任度。

想要将IP的粉丝做大做强，首先应该在内容上下功夫。虽然"内容为王"的时代渐渐远去，但这并不意味着可以粗制滥造，而是要将内容做得更精才有吸引力。当然，不去思考粉丝的需求，不去琢磨竞争 IP 的同质化，纵然做出再多的内容也是无用功。你必须了解粉丝关注你的终极目的是什么，你也必须知道粉丝不去关注其他人的原因是什么，只有弄清这两个问题才有集中精力做内容的资格。

粉丝甘愿为他们的 IP 买单，不是因为他们人傻钱多，是因为他们获得了一种心理和情感上的满足。在网上谁都可以找到高清的盗版资源，但是花钱去影院或者付费视频平台上观看，是源自于粉丝对 IP 的一种支持，这种支持的先导动力是满足了他们的需求和情怀，而这种体验一定是特殊的，是其他 IP 不能提供的。

即便找准了粉丝的需求，也不是就万事大吉了，作为 IP 的经营者还应该保持着和粉丝之间的内容丰富、频繁的互动，这样做的目的有两个。一个是加强和粉丝之间的亲密度，另外一个是强化自身 IP 的差异性。确保了这两点因素，才能让粉丝形成黏着力。比如 papi 酱的视频、杜蕾斯的问答等，都是强化和粉丝之间的情感交流。

无论是哪一类的社交平台，都有属于它自己的运营模式和生态法则。

在微信上，是人和人之间的联系；在旺旺上，是人和商品、服务的联系；在贴吧上，是人和信息的联系；在微博上，是人和整个社会的联系。无论在哪一块平台上经营 IP，都要弄清所生存的生态土壤，这样才能有效地寻找对口的粉丝，而不是采取广泛撒网的野蛮手段。

对于经营个人 IP 而言，形象和内容的独特吸引，才是有效连接个人和粉丝的桥梁。在这座桥梁上，个人 IP 一定要扮演着创造者、分享者和讨论者的三重身份。

所谓创造者，并非一定是指原创，可以是信息加工，总之你要让粉丝感受到你的思想标识的存在，否则立即会粉转路甚至转黑。所谓分享者，是你产出的内容要有一定的情感发酵空间，可以让粉丝学以致用，而不是冷冰冰地弄出一个原创提交给粉丝，要建立一种看似平等的信息交互关系。所谓讨论者，就是要站在粉丝的角度，和他们进行深度互动，让他们充分感受到自己关注的是一个有血有肉、敢怒敢言的人，而不是一个商业性极强的企业 IP。

如今，很多产品和服务都更加人性化，无论是个人 IP 还是企业 IP，都将不再是一个个窗口，而是一个个知己和闺蜜，在商品需求和服务需求之外，还要有强烈的情感需求的交互，这也是用户和粉丝的最大区别，让 IP 的功能属性转为情感属性，这样的 IP 才是最有生存价值的 IP，才能建立最稳固的粉丝群落。

了解你的粉丝，了解这个群体的心理，了解他们的性格，了解他们的三观……正如用户了解一个企业的产品、文化和品牌一样，只有从人性关怀的角度出发，才能建立一种互联网时代下的强关系。

举个例子，当发生某个热点事件之后，个人 IP 和企业 IP 都可以做出快速的信息反馈，发表自己的看法，进行精妙的点评，让粉丝第一时间感知到并获得他们的认同，这就是抓住了情感元素和粉丝之间的互动，也是让粉丝进一步了解你的切入点。当然，发表意见的时候，不必为了小心谨慎说一些万金油的内容，那样反而会让粉丝对你产生无趣感，要凸显出你的个性，比如你的语言风格，你的三观构成以及你的明确立场。即便和粉丝的认知有些许出入，也是能被粉丝理解的。当然，绝对无争议和绝对原则性的东西，势必要和粉丝的观点保持一致。如果担心就此掉粉，那就抓住你能驾驭的话题。

一个成功 IP 的吸粉策略，一定是一个成功的情感和价值输出的策略，它能让粉丝认识到这个 IP 的独一无二性，让粉丝无法弃之而去。上等的 IP 经营粉丝，中等的 IP 经营用户，下等的 IP 经营受众。绑住你的粉丝，就绑住了你的 IP 在市场中的变现价值。

3. 口碑传播技巧决定 IP 生死

一个运营成功的 IP，能够在漫画、小说、影视等多个不同的媒介中进行自由转换，也只有达到这种程度的 IP 才会被称为超级 IP。比如《哈利·波特》和《指环王》这一类的电影。

在不同的媒介形式中生存，就要面对一个问题：如何保持口碑不变？要知道，不同的媒介可能意味着不同的受众群体，一旦在影视媒介中形成的口碑在小说形式中丧失，这个超级 IP 就被玩坏了。

正是口碑传播的风险性，让很多人盯准了超级 IP，而不敢轻易尝试小 IP 或者是原创 IP。其实，在互联网的时代下，IP 的口碑传播自有它的规律和法则。

从本质上看，IP 的传播是网络文化的基因延伸。

不少超级 IP 都是网络小说、网络游戏等网络文化的产物，它们是互联网的原生代，反映的内容也是网络文化建构的拟态世界。在这个虚拟世界中，它们提供给受众和粉丝们娱乐以及审美的价值需求。这种需求得到满足，自然会让这个 IP 的口碑获得认同和追捧。比如说网络文学，虽然题材多种多样，但还是集中在奇幻、穿越、架空、修真类的比较多，较之传统的文学题材有很大的不同，这就是网络文化价值的传递性，这种传递性能确保 IP 的口碑得到大多数人的认可，也增加了 IP 的生命周期。

从形式上看，IP 的传播是多媒体互动的结果。

IP 想要全面铺开到每一个粉丝的视野里，需要借助多种媒体的宣传，这种宣传能让 IP 的价值得到全面的扩展。比如《何以笙箫默》，它先是以网络文学的形式存在，照顾了网络文学的用户，又变身为电视剧，成为电视剧用户的青睐对象，然后又改编成电影，成为电影受众的盘中菜。这种多样性的传递方式，满足了社会大众的全面需求，也只有依托线上到线下的多维度的传播渠道，才能保证 IP 的口碑不丢失甚至是提升。

从方法上看，IP 的传播需要和受众互动。

无论你用什么手段去宣传一个 IP，都不要忘了 IP 最终的受众对象是粉丝，只有让粉丝激动了，IP 的口碑才有承载对象。简单说，想要做成超级 IP，势必要推行人海战术，要借助各种线下活动，组织粉丝见面会和其他活动。如果只是单纯地停留在网络上，IP 的口碑会缺乏发酵模式，显得孤立和无趣。

口碑从粉丝的口中而来，粉丝为何会为某个 IP 点赞，自然是他们从这个 IP 身上得到了使用和满足。在互联网时代，IP 要切实分析自己所面对的主体受众群，他们才是最重要的文化消费者，无论是阅读还是观赏，都是这些消费者和 IP 互动形成思想、观点的过程。一个 IP 不能触动粉丝的大脑，就无法凸显 IP 品牌的特性。没了特性，也就失掉了口碑。

粉丝们从来都不是消极的和被动的客体，他们存在着积极性和能动性，这种特性会推动 IP 的口碑传播，而非传统的单向性，因此，**任何 IP 提供的内容服务，都要最大限度地激活粉丝的主观能动性**。

从渠道上，IP 的传播是网络营销的助力显现。

一个 IP 的最终传播效果，不单纯依靠其自身的粉丝吸引力，还要依赖于它的网络营销能力。比如，某个 IP 形象的传播，需要找准投放受众的网络聚集地带，比如论坛、贴吧、QQ 部落等，要把 IP 展现的内容发送到这些阵地上，并要有人长期驻守，负责收集信息，及时进行反馈，这样才能最快了解到粉丝的思想和动态。

口碑的好坏高低，决定着 IP 的生死，每一个 IP 的经营者都要认清，在互联网时代下的受众群体们，如今更看重的是体验的过程而不是体验的成本，一厢情愿地为用户和粉丝省钱，结果却出力不讨好，这就失去了口碑传播的意义所在。对于很多粉丝来说，他们想要的是一种特殊的消费体验，既要可靠稳定又要质量可靠，为了达到这个目的，他们才更愿意追逐 IP。

网络受众有一个特殊性所在，是他们无法逃避整个互联网世界营造的文化氛围，即便是他们拥有自主选择权。

大众传播媒介的本质是通过筛选信息和加工信息向人们展示出一种环境，被叫作"拟态环境"。这种拟态环境，让各类 IP 的最终受众人群难以脱离。现在是一个日益碎片化的时代，受众群体对时间碎片稍纵即逝的焦虑和恐慌感是真实存在的，因此他们会采用一种更简单、直白的方式来应对——全身心投入技术和媒介创造的环境中。

从这个角度来看，IP 的口碑传播具备先天的优势——受众就在哪里。因此，口碑传播的技巧不是发现受众和留住受众，而是如何打动受众，因为网络不缺乏受众，他们也不会离开，区别只是被哪一个 IP 打动了而已。

一个 IP 能长期屹立不倒，在于它获得了正面的印象和深刻的记忆，这才是一个超级 IP 所具备的基本特征，也是很多人为何大力开发一个 IP 的原因。IP 的口碑包含两个维度：

第一，口碑传播的广度。

IP 应该让不同年龄阶段、职业背景的人所熟悉和接受，要有跨界传播的能力，这种无障碍的传播能增加二次传播、三次传播的效果，让口碑的积累呈现几何式的增长。从这个角度看，和大众普世观念相背离，过于小众的 IP 很难成为超级 IP，比如耽美文、百合文，这些只能在特定的受众范围内，也没有得到社会大众的普遍认可，无法做成超级 IP。

第二，口碑传播的深度。

IP 应该在不同群体中深入推进，这个指标体现的意义不是广度而是喜好的深度。粉丝也有死忠粉和普通粉，从商业价值的角度看，只有死忠粉才是 IP 的直接消费者。以网络文学 IP 为例，评价一本小说 IP 是否有足够的传播深度时，会出现一大堆数据，比如点击数、推荐数、收藏数、订阅数等，其中订阅数是最有含金量的，因为它能直接反应付费用户的数量。而收藏数和推荐数，更多反应的是普通粉的数量。如果想把这本小说做成超级IP，就要加强在收藏数和推荐数这两个群体中的粉丝亲密度，实现转化。

想要让IP的口碑持续积累，需要时间的检验，单纯以某个时间段的走红来判定是片面的，因为口碑这个词本身就站在时间维度上，没有时间证明的口碑都是泡沫，或者应该叫知名度。一个超级IP，需要在传播的空间和时间上同步进行，避免按照做快餐的方式杀鸡取卵，这种方法也许在短时间内有效，然而生命周期一过，口碑逆转的情况也不是不可能发生，那对一个IP来说才是真正的灾难。

4. 微博营销是IP的"二次投胎"

如今，"带着微博去旅行"已经成为不少人的口头禅。那些说走就走的旅行，基本上都是通过微博来分享给自己的朋友和粉丝的。与熟人圈子构成的微信相比，微博的开放性更强，也更适合线上营销，对推广IP而言简直就是利器。微博存在的种种优势，恰恰是IP推广所需要的，也是决定着IP在创生之后，能否进一步发扬光大的关键步骤。

第一，微博的垂直化带来了IP的新社交体验。

互联网发展至今，微博在垂直化方面已经日臻完善，它遍及多个领域，如影视、音乐、股票等，越来越体现出社群化，以至于演变成多个子产品组成的垂直社交体系，甚至一部分产品开发出了独立的APP，所带来的影响是广泛和深远的。

微博的垂直化和传统门户网站的垂直化不同，它不是通过单向和线性的方式传播，而是通过对大数据的分析之后利用兴趣引擎智能区分出

各种社区的方式，微博有上亿数量的用户，每年产出的内容是海量的，如果将这些内容资源视为 IP 的雏形，那么微博就是一个资源极其丰富的 IP 孵化地。

根据之前社科院发布的一组数据中可以发现，用户在微博提及旅游话题的总次数为 9.77 亿次，搜索次数为 9 928.3 万次……数量十分惊人，可见受众范围之广。当然，微博的垂直化特征不是机械的数据分类，是基于人性角度的智能传播和汇集。垂直化不仅仅是内容的垂直，更是微博社交化场景和 IP 的精准化定位与社群化分类的体现。

IP 能够通过在微博上对用户和内容等多层次的垂直化，二次开发出 IP 资产的新价值，让微博内容 IP 具备了社交化的属性，也就增加了快速传播和发酵的技能。

微博生态所产生的垂直内容，是一种有利于 IP 扩散的良性机制，能够将用户或粉丝之间的兴趣社群互动机制和人的长效营销机制联系到一起，带给用户或粉丝更优越的使用体验。

第二，微博的平台社交为 IP 植入新内容。

微博上经常组织各类社群活动，比如"带着微博去旅行"，这一类的活动能够培养用户旅行分享的习惯，并通过捧红各类旅游达人，建立微博旅游社群的线下和线上的并轨，能够产生出大量的优质内容，这些内容经过发酵就有机会转化为 IP。这种平台社交战略，带起了粉丝和粉丝之间、粉丝和博主之间的良性互动，通过各种交流形式，为 IP 增添了新生内容，延长了 IP 的生命周期。

作为一个相对成熟的网络社交平台，微博具有产品形态的稳定性，因此给 IP 的传播战略所带来的外部风险会很小，有利于培育新生 IP 和潜在粉丝。这种成熟的平台战略，让受众之间的互动更频繁和密集，也延缓了粉丝盲目进化的过程，有利于对平台受众群体的掌控。从这个角度看，IP 的传播势必要经历微博这个社交平台，而社交平台所体现的社群深化也是符合社会学原理的。

美国的 facebook，同样也遵循着社交深度挖掘的原则，它所反映的正是在成熟的社会结构中，用户不断追求品质和个性的需求和过程，这种需求为 IP 的传播带来了途径和转机。

微博是一个适合个人 IP 快速成长的平台，也是很多网红的诞生地。 在网红市场中，微博的表现虽然比较保守，很少主动寻求和网红经纪公司合作，然而即便如此，网红和网红经纪公司也无法低估微博这个平台的造星能力。

网红是一种个人 IP，在微博上最能判断出他们的价值，比如是否拥有足够数量的粉丝和是否有足够的内容生产力。一个粉丝数量，一个微博数量（质量），在微博上都是直观可见的。

现在，社交产品获取新用户的红利期已成为传奇，在未来很难出现大型的新社交平台。所以微博对 IP 传播的推动和抑制作用非常明显。

微博是个人 IP 的"二次投胎"，这不是哗众取宠，而是基于残酷的现实。现在虽然有一些网红经纪公司，然而大部分都处于起步阶段，没有成熟的运作能力，他们只能对潜力十分明显的网红进行包装，中途一旦出现问题很可能弃之不用。所以，个人 IP 还是更加依赖微博这块土地。

换个角度看，网红经纪公司的出现，虽然增加了个人 IP 的炒作能力，但同时也延长了变现路径，让个人 IP 的商业价值出现波动。所以，在没有靠谱的经纪公司加入之前，还是应该增强对微博的操作能力，借用现有平台的活跃度，加快 IP 成熟期的到来。

其实，微博在培养个人 IP 上，也不是没有动作。首先，微博提供了包括电商和广告在内的多种变现方式，让个人 IP 有了和经济利益挂钩的绿色通道，那些排名靠前的微博网红账号，每年 GMV（Gross Merchandise Volume，商品交易总额）交易量超过数亿元。更重要的是，微博还不断帮助经纪公司寻找个人网红，从这个角度看，微博对网红经纪公司的成长是比较看好的，因为有越来越多的电商网红产出了大量交易。

目前的情况就是，哪一个平台在变现模式和效率上实现了最大化，其个人 IP 的竞争能力就会增强。

有了微博对网红、自媒体的支持和包装，就让个人 IP 有了广阔的发展前途。当然，能达到这个层面的前提，还是要先将 IP 炒热。热还是不热，在于其选择的社交群落。在微博的各种生态中，包容性是很强的，这给了 IP 试错和探索的空间和机遇，也促进了微博越来越成为人们生活的发现引擎。个人 IP 如果能利用好这个引擎，自然就能实现二次投胎的重大转机。

在网络社交发展成熟的今天，**微博从本质上看已经不再是一个平台，它代表的是一个对现实世界折射的网络世界，这里存在着各种社群的思想，有各种兴趣爱好的人群，它们都是 IP 产生、发酵、传播和最终走向爆款的有利资源**。IP 的资产价值，也能通过微博增值，并通过社交的力量整合一切信息资源，为打造超级 IP 奠定基础。

5. 处理敏感度问题，别给 IP 抹黑

前面我们探讨过 IP 的口碑，可知口碑宣传对 IP 来说事关生死，然而在多渠道传播、受众面广泛的营销过程中，很难保证不发生计划外的"危机事件"，那么如何处理敏感问题就是确保 IP "脸面"的大事。

IP 被资本市场追捧，是因为它能够形成品牌效应和口碑效应，通过粉丝和粉丝之间的传播扩大受众群体。从这个角度来看，IP 相当于快消品，是不过度依赖广告营销的，更多的依靠口碑。一旦口碑倒了，IP 的价值就会缩水。

IP 能否获得成功，跟它能否依托某个事件进行营销不无联系。在这个具体的营销过程中，一个关键词就是"传递"，不管是粉丝和粉丝之间的交流，还是媒体和媒体之间的转发，都会形成口碑效应。所谓的敏

感事件，通常就是在这个传递的过程中发生的。

敏感事件通常分为两种。

第一种，观念冲突。

在IP传播的过程中，会发生粉丝之间的争论，比如一些网络小说的剧情走向，一些热播剧的走向，都会出现。比较典型的是当年火爆全球的《越狱》第三季，在季末女主角莎拉被杀，让广大粉丝极为不满，纷纷声称要给编剧"寄刀片"，结果在第四季，莎拉在粉丝们的强烈要求下复活。这个事件就是比较典型的观念冲突，也就是剧作者的创作理念和粉丝的观看理念之间的冲突。

当然，莎拉之死其实和演员的个人变故有关，但是这种突变也从属于IP的观念创作体系中，而粉丝的观看理念更多的是情感需求，是他们对某个虚构人物的情感寄托和认同。当发生这种观念层面的冲突时，IP的制造者们绝对不能和粉丝发生正面碰撞，因为这会直接影响到粉丝追剧还是弃剧，除非是原则性问题，否则要尽可能满足粉丝的要求，这样才能确保IP的核心价值不丢，保证粉丝的追捧和关注热度。

第二种，体验冲突。

如果说观念冲突是根本矛盾，那么体验冲突就是主要矛盾。这个矛盾可以解决，也可以搁置，当然搁置所带来的负面影响也不小，只是和根本矛盾相比要弱一些。要知道，**IP的受众层面的大小，是衡量IP价值大小的关键性因素。体验冲突会减少这个受众层面。**

比如一些IP，他们为了某种商业利益或者政策需要，会对IP进行包装和改造，然后通过热点事件进行刺激和发酵，从而大批量地吸粉。不过在这个过程中，有的人就忽略了IP的体验价值。

最典型的例子要属《盗墓笔记》了，由于政策性的原因，故事的核心点——盗墓变成了寻宝。从剧情上来看，《盗墓笔记》网络剧并没有太大的变化，但是"盗墓贼"这个扣人心弦的职业发生了变化，所带来的IP体验必定不同，但也不至于流失大量的粉丝。那么在这种情况下，

IP 的经营者要和粉丝充分沟通这个变更，让他们明白这个变化是不得已而为之，起到"转移火力"的作用。另外在改编之后的故事中，要尽量弱化那些新增的、让粉丝感到不爽的内容，这才能最大限度地避免粉丝们的恶评。毕竟对于一个超级 IP 而言，来自原著粉的抨击还是十分致命的。

敏感事件的发生，多数是源于无奈和意外，很少有主观上刻意而为之的。从反向的角度看，敏感事件也是一种激励事件，它能够最大程度地吸引粉丝之外的群体关注。

曾经获得零好评的电影《富春山居图》，虽然在线上被人骂得体无完肤，然而最终还是斩获 3 亿元票房，因为不少观众买票进入电影院的出发点是，想看看这个片子到底有多烂。所以，评价一个敏感事件是否对 IP 构成影响，并不是单纯的好人坏人的区分，而是以实际结果作为衡量标准。这个世界有时候确实无厘头，**好口碑的东西未必能带来关注，很多时间好和坏之间不存在正比关系**。当然，像《富春山居图》这种例子并不多，口碑和收益在更多的时候还是成正比关系的，**任何一个 IP 经营者，都不要拿口碑的事情去放手一搏，因为一旦失算再无翻盘的机会。**

超级 IP 电影《封神传奇》，采用了中国古典名著《封神演义》的 IP 故事，海报宣传语自诩为"逆天神作"，阵容也是相当强大，结果却被网友吐槽为"史诗级烂片"。由郭敬明同名小说改编的电视剧《幻城》也是骂声一片，有人称这是"3 亿元投资有 2 亿元用来买假发和美瞳，剩下 8 000 万元刷数据"。这些超级 IP 改编之后都遭遇了一个奇怪的现象：粉丝的口碑和前期的高调投入和宣传完全背离。

更重要的是，这些影片除了将内容做坏之外，也没有危机公关意识。在观众吐槽之后，采取的手段无非还是雇水军、口水战等老一套的路线，没有去甄别这种冲突是观念层面的还是体验层面的。如果是观念层面的，要尽力在前期的宣传中给粉丝打预防针，不要给予粉丝太高的期望值；如果是体验层面的，要在口碑下滑之际，对粉丝的吐槽点进行解释：你说我用了美瞳，我可以解释这是为了画面陪衬故事的需要，甚至在必要时进行补拍。总之，不要站在粉丝的对立面，要和粉丝站在一起，变身为他们的向导和咨询师。

粉丝的眼睛永远是雪亮的，无论 IP 的持有者遭遇了何种敏感事件，都不要装聋作哑，更不能装疯卖傻，要学会站在粉丝的角度去思考事件的根源，要尽可能地采取有效手段来弥补，就算回天无力，也要晓之以理，绝不能回避问题的存在，那样必定会伤了粉丝的心，给 IP 的成长带来无穷的隐患。

现在很多行业都在思考一个问题——如何不毁掉一个好 IP。这其中的关键点就是 IP 的口碑如何保有。显然，在 IP 诞生之后，不少人认为一个资本过分逐利的时代来临了，导致很多 IP 被资本绑架，市场变得肤浅，营销变得简单粗暴……尽管这种观点不无道理，但是无论如何经营 IP，都不能丢掉它的核心价值。

每一个 IP 都历经了各种考验才修成正果，它和粉丝、市场乃至整个世界已经连成一体，忽视粉丝的需求，漠视市场的规律，轻视世界的法则，最终会毁掉一个 IP。从这个角度看，最有效的危机公关手段，就是避免产生危机。

6. 积累口碑，别让粉转黑成为 IP 的死穴

IP 的市场价值本质上是以粉丝的多少和忠诚度来考量的，有粉丝拥趸的 IP 才算得上 IP。然而，粉丝并不是 IP 的定量数据，而是一个变量数据，一味地消费粉丝对 IP 的感情，影响 IP 的口碑，粉丝一样会粉转路甚至粉转黑。

现在业内经常提到的 IP 泡沫论，其中就包含着 IP 和粉丝活跃度关

系的内容。很多 IP 由于伤害到了粉丝的感情，导致粉丝对 IP 的信任度大幅下降，促使 IP 市场价值缩水，然而资本操控一方出于盲目相信或者掩盖问题的目的，会自动无视这个现象，导致 IP 在经营的道路上越走越远。

IP 是溶于人的心灵的，正因为于此才成就了 IP 的影响力，而决定 IP 质量的是核心粉丝。所谓核心粉丝，一般来说包含如下几点要素：对 IP 拥有真实的人物形象感知和故事内容的感知，对 IP 拥有忠诚且狂热的情感认同，对 IP 拥有持续的追求。

核心粉丝虽然对 IP 的忠诚度最高，但也是最容易被伤害和过度消费的群体，因为他们对 IP 有着强烈的认同感和熟识度。一旦 IP 被改造得面目全非，第一个为之愤怒的恰恰是这一群体，而核心粉丝如果离开，IP 的变现能力会直线下降。

IP 和粉丝之间的互动，表面上是商业层面的营销行为，本质上却是情感互动。

核心粉丝从来都不是来自于广告和营销的，核心粉丝构成了互联网时代的话语权，并非是单纯靠钱就能收购的。核心粉丝的培养，不是某个商业模式的成功，而是依托于一个良好的粉丝运营机制。

从 2014 年开始，深受粉丝喜爱的网络文学改编为影视剧的越来越多，很多文学 IP 成了众多制片人争抢的对象。但是，一些根据大 IP 所改编的影视剧播出后却遭遇原著党的吐槽，口碑和票房双败，这到底是 IP 的虚假繁荣还是 IP 运营策略的失误呢？

事实上，IP 这个词出现之前，我们一直就在消费 IP，四大名著不知道被消费了多少次，而中国影视圈的知名导演，也基本上靠着 IP 改编的电影出名，比如张艺谋的《红高粱》、陈凯歌的《霸王别姬》、冯小刚的《顽主》等。从这个角度看，在互联网时代到来之前，粉丝们对 IP 的贡献就相当大了。虽然现在的 IP 和之前的定义相比内容更加丰富，但是核心粉丝为 IP 带来的直接或潜在的价值是不变的。

互联网时代的到来让 IP 的形式转化出现了多样性，也正是 IP 的火爆，让这片市场变得更加混乱无序。无形中，IP 的口碑面临着各种挑战，尤其是核心粉丝所要承受的 IP 改头换面，更是数不胜数。

IP 虽然能通过跨界进行变现，但是不要随意消费它，因为一旦丢掉了口碑，就等于丢掉了核心粉丝，再想找回来就难上加难。

第一，IP 的跨界有限度。

不是所有的最强 IP 都适合进行改编，比如有的文学 IP 更侧重心理描写或者作者的叙事风格很独特，但是一旦改编成影视剧，这些优点就消失了甚至变成了拖累。如果大刀阔斧地改编，原著党不满意，如果原封不动，又无法顺利实施跨界。比如国庆档上映的《从你的全世界路过》，就是一部并不成功的电影，几个故事支离破碎缺乏联系，生硬地捆绑在一起，严重影响了观众的观影体验，失去了作为文学作品的魅力，一定程度上影响了张嘉佳个人 IP 的口碑。

第二，IP 的保质有期限。

不是所有的最强 IP 都能长盛不衰，有些诞生较早又没有和当下互联网市场相结合的 IP，未必会有粉丝买账，不能因为曾经的风靡一时而盲目迷信这些 IP 的变现能力。要知道，有些 IP 是炒作或者意外走红，并没有产生核心粉丝，也缺乏和粉丝之间的情感纽带作为连接，这种 IP 不管进行何种跨界，都没有任何实际价值，很快会在瞬息万变的市场中被淘汰。

第三，IP 的改造有难度。

以电影为例，很多热门小说 IP 改编为剧本这个过程中，一些原作者表示不想让自己的孩子交给别人，会亲自操刀进行改编。但是小说和剧本是根本不同的东西，小说写得好未见得剧本能写得好，这种缺乏专业人士和专业团队操作的 IP 改编，往往会脱离原著很远，伤害到粉丝的心，甚至玩大了之后会让一部分粉丝离开。

第四，IP 的运营有误区。

以影视 IP 为例，很多制片方过于相信演员的票房号召力，因此在对 IP 进行二次创作的时候，会减少这个环节付出的努力，反而在面子上做更多文章，炒作演员不算，还恶意兜售情怀，结果伤害到了黏着度最高的核心粉丝，成功实现了粉转路和粉转黑。这种做法，都是没有认清 IP 本质特征——和粉丝的深度情感连接。

2015 年，当很多传统电视剧在市场中遭到冷遇之后，一部叫做《太子妃升职记》火了。虽然这部剧后来被下架，但是它当时被贴上了"腐""美色""宫斗""变性"等多个标签，和中国传统文化的很多理念相违背，也正是这几个关键词，让它轻而易举地俘虏了部分年轻观众的观感，并由此出现一个新的 IP。

《太子妃升职记》之前，电视剧不是将钱砸到了改编权上，就是砸到了演员上，最不济也砸到了服装布景上。然而《太子妃升职记》却不同，演员是七八线的，服装是地摊的，场景是小成本的，然而成绩却十分惊人，不少业内和圈外人士都在思考一个问题，一个 IP 到底该如何运作，在不需要投入过高成本的时候也一样成功吗？

显然，《太子妃升职记》给 IP 市场带来的是深层次的思考。在此之前，IP 市场都是将热门 IP 当成摇钱树，如《仙剑云之凡》《华胥引》《九州天空城》等。这些都是根据热门 IP 改编的影视作品，然而却因为没有打造好 IP 内容等因素，遭遇了极大的落差。在互联网快消文化时代，观众到底关注的是什么？

比如《仙剑云之凡》，粉丝给予它的评价就是："十年原地踏步，可以说三部《仙剑》的故事、人物没有一点变化。"经过调查发现，很多粉丝对这些遭遇滑铁卢的热门 IP 改编剧不满的原因在于老套的叙事手法和桥段，或者是干脆采用小鲜肉蒙混过关的粉丝经济学，反而将 IP 内容丢弃到一边。

粉丝的品位不是一成不变的，而是在不断提高，尽管他们对 IP 有着忠诚度，但他们不是傻子，**在 IP 漫天飞舞的时代，单纯依靠华丽的外表和丑陋的内涵去进攻市场去占领粉丝的心，不见得会有收效。只有关注粉丝的情感需求，将创意和内涵注入新老 IP 当中，才能留住原有粉丝同时吸纳新粉丝。**

我们生活的时代虽然被成为浅阅读和浅思考，然而这不代表着受众的审美也处在一个浅的层面。虽然浅阅读和浅思考能够通过一些商业运作手段造成全民同追某个剧的假象，然而这只是营销的胜利而不是 IP 内容的胜利，没有触及 IP 内核的都是脱离 IP 的套路而非战略，这样只会让粉丝对缺乏内涵和新意的伪 IP 产生反感。

现在是碎片化时代，只有保证 IP 内容有序、广泛地传播，才能被赋予更深刻的文化内涵，才能推动社会文明的进步，这就需要每一个 IP 持有者加强从业能力，不断发挥创意，保护 IP 的原有口碑。

现在资本市场对 IP 的追逐，很大程度是想捡一个现成的摇钱树，不想在前期创作、营销和推广的过程中耗费太多精力，却忽视了最重要的一个内容：IP 的口碑。得 IP 者得天下是一个伪命题，得粉丝者得天下才是真命题，而粉丝靠什么吸纳和固化，靠的就是口碑。然而把 IP 当成印钞机的行业思维，还是没有从一些投资方的脑子里清除掉。

当然，有一些口碑不算好也不算差的 IP 作品运营成功了，会让投资者产生一种幻觉：这个 IP 还可以继续挖掘，还要深度加工才行！IP 的原作内容不够了，就重新添加植入，不愁卖不掉！这种想法十分冒险，要知道粉丝对 IP 的口碑有着比较强的容忍度，当一个 IP 作品被玩的不好不坏时，粉丝的宽容往往处于临界点，这时候就应该见好就收，而不是盲目投入，不然毁掉了口碑，之前的努力也会付诸流水。更重要的是，一个 IP 的口碑都是在原始内容的存在下树立，对于改造后加入的内容，根本没有经过市场的检验和粉丝的消化，很可能就成为了核心粉丝抛弃 IP 的最后一击！当一个 IP 过度消费自己的口碑时，它所存在的潜力值也会被不断消耗。

7. 好 IP 也怕巷子深

现在，IP 的定义在不断扩展，它不仅是和知识产权相关的内容，还是一种"能凭借自身吸引力摆脱平台限制在多个平台赢得流量从而发布内容"的新定义。

比如，天下霸唱的《鬼吹灯》系列就具有强大的 IP 营销能力，他的小说能吸引无数粉丝追捧热读，从而形成《鬼吹灯》这个最强 IP，借助粉丝经济的力量又能不断开发衍生品，比如影视、手游等，形成 IP 品牌营销的优势，完成跨界变现的战略布局。

谁是最强 IP 谁是低价值 IP，明眼人都能看出来，但是怎样让 IP 稳赚不赔却是一门学问，需要注意三个问题。

第一，IP 一定要商业化。

炒 IP 的终极目的还是为了盈利，只有积累足够多的粉丝，建立以人为中心的商业策略，产出粉丝喜爱的 IP 内容，才能真正完成交互和同人化，进而抓住粉丝的消费需求，通过差异化优势的内容和服务获得收益。

《罗辑思维》是互联网知识领域的最强 IP，他们的 IP 商业化就是快速积累粉丝，培养了一大批死忠付费会员，当粉丝数量达到一定规模时就为粉丝打造他们喜欢的产品，比如视频节目，比如微信语音推送和优质文章等，直到新推出的网店服务。因此，任何一个 IP，商业化的实质必定是靠近运营层面的，而运营的关键就是以粉丝为导向，要让粉丝认同 IP 的价值观，凭借仪式感和参与感等多个人性化指标提升 IP 价值，才能最终形成 IP 的商业化，而不是简单地收购贩卖 IP。

曾经有一个"90 后"的网红，拥有数量不少的粉丝，她借助"双十一"的消费高潮在微博上卖出超过 600 万元的美妆产品，同时吸纳了相当多的粉丝关注。她所采用的 IP 商业化套路也是：精准的广告投放、提升个人 IP 曝光度、吸收活粉、制造有槽点和情感元素的话题、引发粉丝的心理认同和精神共鸣，最后一步就是借助粉丝的力量转发和分享。

第二，强强联合才能打造超级 IP。

一个 IP 无论有多超级，都抵不上两个超级 IP 产生的化学爆发力。IP 营销未必非要通过寻找新的原创 IP，单是从现有的 IP 中可以发掘出新的 IP 价值，想要完成这一步，需要借助品牌的力量。新版的《神探夏洛克》是一个影视 IP，每一季播放都会引发粉丝的热议，为了提升曝光度，《神探夏洛克》在 2015 年圣诞版进驻国内院线，它走了一个和欧乐 B 联合的套路。欧乐 B"洗牙双管"是欧乐 B 旗下的高级护龈牙膏，目标客户是喜欢欧美文化、生活有品质的精英人群，双方经过深度分析之后，发现虽然所属领域不同，但产品和受众有惊人的相似之处，容易让粉丝产生强关联，从而加深对产品的认知度。最终，双方通过病毒海报和限量礼盒引起粉丝关注，同时推出番外篇视频，以"双管"和"长效护龈"为最大亮点，植入到剧情当中，成为破案的关键。粉丝过足了瘾，欧乐也海赚了一笔。从这个案例可以发现，IP 拥有产品和内容的双重属性，在特殊情况下可以转化为其他品牌的整合营销对象，只要找准重合点就能实现共赢。

第三，IP 营销有套路。

有的 IP 能够成功变现，有的 IP 却困难重重，主要是和 IP 的运营者是否掌握了营销套路有关，比如有的小说没有大火，但是网络剧却火了，这和制作团队中的营销成员关系密切。事实证明，一个强大的 IP 一定会让粉丝清晰地识别出来并唤起对该 IP 形象的联想，最终演变为对 IP 内容和产品的需求。

营销 IP 主要在三个方面做好文章。

首先，具备参与感。现在是分享经济的时代，一个 IP 想要完成自身营销的最大资源，并不一定需要通过媒体平台上的广告，而是借助粉丝分享的力量，只有让粉丝们参与进来，才能打造一个可以触摸和拥有的 IP 形象，才能让粉丝得到和 IP 一起成长的快乐，参与感是维系 IP 和粉丝稳定关系的重要节点。

其次，加入引爆点。一个完美的 IP 是无法真正吸引受众的，必须要让粉丝很容易地发现其中的槽点或者爽点。不过一般来说，制造爽点很难，因为谁也无法确切描述粉丝喜好什么，但是制造槽点却很容易，因为谁都能列举出大多数人讨厌的东西，比如故意将槽点设置为 IP 的引爆点，在开播前就将准备好的几百个槽点逐步地抛给网友。很多网友被槽点吸引，他们放弃了之前预设的有关原著和穿越的话题，反而发现淘宝服装、鼓风机这些槽点更有趣，很快在受众群体中发酵，讨论的声音一浪高过一浪，最后呈现出井喷。

最后，锁定粉丝。IP 营销最难掌握的就是如何快速找到目标受众以及怎样将受众转化为粉丝并在二者之间进行深度的连接。其实**最实用的技巧就是通过大数据进行调研，找准一个对的粉丝胜过十个路人甲**，有了数据支持，再根据受众心理特点量身打造符合他们心理和行为的 IP 内容要容易得多，自然能长久地抓住用户。

2015 年很多 IP 营销都让人们发现了 IP 的这种新商业逻辑，其中"参与感"被当成推广和普及 IP 的有效武器。2016 年 IP 持续走向火爆，无论是企业还是个人，拥有了 IP 就拥有了话语权，只要懂得 IP 的基本守则，就不会将一个有潜质的 IP 葬送在自己手中。

8. 警惕"IP 裂变"

一个 IP 到底能创造多少财富，和它的量级有着密切联系。正因为 IP 的价值存在着可复制性，不少 IP 的持有者挖空心思攫取最大价值并津津乐道为"IP 衍生战略"。殊不知，他们实操的未必是"IP 衍生"，而是"IP 裂变"。

何谓 IP 裂变，就是将原有的 IP 进行拆分运作的变现模式。从表面上看是细分 IP 市场，但究其本质，却是在透支 IP 的价值和口碑。在 IP 市场，很多人认为一个产品来自 IP 或者和 IP 沾边之后，就会产生强大且持续的影响力，于是在占有了一个 IP 之后便开始了疯狂的裂变输出，从未考虑过粉丝的感受，以至于有些 IP 被操作者活活毁在手里。

IP 可以持续挖掘市场价值，但有一个事实不可否认：无论多么爆款的 IP，对粉丝来说总会有一个"新鲜感时限"，一旦过了这个时限会降低吸引力。当然，我们所说的"新鲜感"和 IP 的生命周期不同，它是一种被短时间内关注的概念。**一旦某个 IP 不再"新鲜"，能够吸引粉丝的就要靠自身的内容：也许是一个故事，也许是一项功能，也许是一种情感。只有这些元素才是 IP 最本真的属性，而包装在外的只能算作噱头。**

在徐峥领衔的《食在囧途》综艺节目中，不少人对其进行了批评，虽然这不是徐峥第一次参加综艺节目，却是他借用"囧"这个 IP（《泰囧》《港囧》等主演作品）标签出演的第一个节目。然而在节目播出后，很多观众发现了问题：节目中的美食内容很少，更多的是混搭了脱口秀、情景喜剧和室内试验的大杂烩。加上节目时间受限，所以每一个节目的表现空间都很有限，基本上是刚吊起了观众的胃口就仓促收场，对于主打的美食两个字所呈现的很少，食物本身的概念和背后隐藏的文化内涵都被淡化。

有人认为《食在囧途》是一档耍嘴皮子的节目，并非诚意之作，作为节目的核心 IP"囧"没有被突出。从后续观众的反馈情况来看，这种借力 IP 的节目营销并没有达到人们预期的满意度，更多的是依靠明星自身的市场号召力。

从这个例子中不难发现，**一个 IP 可以跨界，可以被包装，也可以被当作噱头，但核心内容绝对不能丢，因为吸引粉丝关注的正是这些核**

心内容。这种 IP 的裂变方式是一分为二，不是一生为二，它会透支 IP 自身的影响力和口碑，也很难产生有价值的衍生品。

很多综艺节目都将 IP 裂变看成了 IP 衍生，他们希望利用人们耳熟能详的作品创造新的搭车节目，从而扩大 IP 的影响力，将熟悉的人物和情节跨界到新的表现平台上，然而事实上这种尝试很多以失败收场。

周迅的综艺首秀《西游奇遇记》，就是蹭了西游记的超级 IP，阵容中除了她、岳云鹏、金星、金世佳等人组成师徒四人之外，还有很多人气明星客串的妖怪和神仙，在节目刚播出的时候关注度很高，然而没过多久，这个节目最终以惨淡的收视率收场。总结原因在于，虽然蹭了西游记的 IP，但始终停留在普通的旅行真人秀和明星野外生存上，没有延续西游记自身的文化内涵，更没有突出人物个性，导致第一季结束后就再无下文。

IP 裂变是资本市场盲目追逐 IP 造成的恶果，它在本质上没有弄清 IP 吸引粉丝的究竟是什么，因此在移植的过程中消耗了 IP 原有的魅力。另外，IP 自带的光环对跨界后的衍生 IP 未必会产生正面的作用。现在很多人过分看重 IP 的名头，通过多渠道营销推广，结果将衍生 IP 的口碑逐步毁掉，让粉丝慕名而来，败兴而归，不少人甚至声称"毁童年"，这就是不尊重粉丝感情的表现。

从理论上看，粉丝们乐于看到自己钟爱的 IP 跨界，但跨界本来存在风险，一旦失误会造成 IP 形象的损毁，即便没有玩坏 IP，但是对超级 IP 来说，他们的光环会让一些改编难以为继，最终陷入套路化的造作模式中。比如很多综艺节目对 IP 的利用都十分浅显，无法产生明显的识别度，更不要提深刻的文化内涵了。

真正能触动资本市场对 IP 感兴趣的，还是 IP 的衍生价值，而非裂变价值，尤其是在游戏、影视以及普通消费品这几个市场当中，人们对衍生品的期待更高。

网络 IP 是众多衍生 IP 的源头，通常会带来价值不菲的衍生品。早在 2013 年的时候，不少资本大鳄就进入这块市场，比如与腾讯出巨资将起点中文网的明星作者买到旗下的创世中文网等，可见其培育超级 IP 的信心和动力，而且走的是一条多渠道全方位大布局的战略，不断和其他原创平台进行合作。通过这些事例可以发现，IP 衍生是在吸取其他平台的能量之后的复制，而不是单纯依靠自身口碑的透支，这是和裂变的本质区别。换个角度看，如果没有新鲜的生长土壤，IP 是无法进行衍生的。

真正意义上的 IP 衍生战略，是做足了充分准备并为 IP 跨界寻找到新的培育土壤，是一种站在宏观角度对市场的提早布局，这种策略能够尽快收回成本，为打造最强 IP 整合系统科学的产业链。

现在，腾讯互动娱乐已经把麾下的游戏、动漫、文学、影视四大版块全面打通，凭借超级 IP 的衍生能力全面发酵，出现了很多系列手游，比如《火影忍者》《书剑恩仇录》等，第一部电影网游《天涯明月刀》也走进观众的视野，可见 IP 衍生蕴藏的巨大潜力和爆发力。另外，其他互联网大佬也瞄准了 IP 衍生的战略，比如巨人网络的《新征途手游》开启公测时便同步推出了泛端游化运营，企图建立一种端游和手游同步发展的运营策略，强化品牌呼应的效能。

IP 是一个矿藏丰富的无形资源，任何一个持有者都希望在新时期挖掘出新的价值，任何一个粉丝也希望他们追捧的 IP 有新内容产生，因此 IP 衍生是符合其属性的商业发育过程，但是对那种不经过布局、不经过培养就透支 IP 信誉的商业行为，我们只能叫它"裂变"。它或许能带来一定的经济利益，但从长远来看，后患无穷。

第五章

"萌文化"方兴，
如何锁定 IP 的卖点

1. 你要迎合的只有你自己

在创造 IP 和经营 IP 的过程中，很多人会不知所措，不知道该如何按市场的需求去打造 IP。他们害怕用户不买账，害怕 IP 的生命周期太短……其实这些担心大可不必，因为做好 IP 的关键不是迎合某某，而是迎合你自己。当然，我们所说的"迎合"是做你最擅长的，做具有潜力的 IP 和创意最佳的 IP，在这个创造的过程中不需要考虑太多市场的因素，因为市场永远存在着不可预知性。

既然要迎合自己，那 IP 的商业定位还要不要了？当然要，这只是给你创造的 IP 一个准确的定位，是帮助你的 IP 走向市场的保证，而不是迎合市场的依据。

商业定位通常是成本最低、风险控制效果最好的一个环节，只是在国内市场中很多人忽略它的存在，比如在动漫 IP 领域，基本上都没有严格的商业化规划，完完全全是迎合自己，对客观因素持漠视态度。

IP 的商业定位，就是将你创造的 IP 进行初步的检验：到底是针对哪一类人群的，具备了何种价值观和世界观，是否包含了当下流行的一些艺术风格和生活元素，等等。

现在，市场上的很多IP并没有达到预期的目标价值，这就是缺乏商业化考虑造成的。一个好IP不是盲目投入到市场和受众身边就能产出价值，要明确IP投放到哪儿以及如何投放的问题，比如谁是受众，受众的背景是什么，怎么触及到受众，等等。不要说想打造最强IP，就是一个普通的商业品牌，也要经历这个商业定位的过程。

想要迎合你自己，前提是你有着清醒的头脑，要知道世界上不存在着万能的IP。比如你是一个编剧，你就不要妄想你写的电影能覆盖到每一个观众群体中，你可以先随心所欲地创造一个故事IP，但是你要明白最能打动的是哪一个群体，集中精力在电影中找到这个群体的爽点和共鸣点，这才是真正的迎合自我。

你想成为一个网红，你不必去考虑市场上缺少什么网红，而是要考虑你能成为一个什么样的网红，你是否具有亲和力优势，还是你拥有着特殊的职业背景，再或者你有着某种出众的技能？有了这第一步的定位，才具备了创造个人IP的可能。当你产出了内容IP之后，再去寻找受众群体，这就是迎合自我＋商业化定位的完整过程。

不过，单纯有一个好的商业定位，还不足以确保你的IP能升级为爆款，你要明确自己的创意点是否达到了极致，如果没有达到，说明你迎合自我的程度还不够。比如曾经火爆一时的《万万没想到》，是一个很典型的网剧IP，充满了当时各种流行元素，也展示出创作团队迎合自身特长的特点，然而这部剧和超级IP相比还是要差很多，因为它所表达的普世元素和世界观比较欠缺，过分渲染的是碎片式的搞笑段子和台词，而没有一个核心的IP内容和灵魂，所以想要打造成为一个具有号召力和顽强生命周期的超级IP，还是存在着不足。

有人说过，中国的文化是一种抽象文化的代表，这导致我们每一个人头脑中，都很难有明确的IP形象，因此会在创造IP的时候，不自觉地从市场中去寻找，导致原创IP不伦不类，满满的都是别家IP的影子，缺乏自己的东西，这是最致命的。

其实，无论抽象还是具象，文化背景的影响不是不能消除的。想要明确自己能打造出何种IP，首先要具备一个国际化IP的思维。

所谓国际化的IP思维，就是要视觉的国际化，内容的原创化和经营的专业化。视觉的国际化，是IP具体呈现给受众的形象，这个形象必须是具体的，比如迪士尼的米老鼠和唐老鸭，比如海尔的海尔兄弟，这些都代表着一个企业的文化、一个创意公司的理念，把这种思路移植到个人IP的创作上，就是在迎合你的创意的前提下，把你头脑中的抽象IP内容转化为具体的IP形象，增强IP的传播性。现在很多大公司设计的企业logo和宣传海报，都是具有强烈的国际范儿，这不是单纯的抄袭和模仿，而是将自身企业文化和产品信息具象的结果，这就是表达方式的迎合。

在前面我们多次讨论过，**IP和粉丝之间的联系是情感元素，只有在具备了具体形象的基础上，才能充分表达出一个IP的情感价值，才能满足受众的情感需求。这些功夫做足了，自然就能够打动市场，而不需要你刻意去迎合市场。**

所谓内容的原创化，就是要充分调动你的主观能动性和创造力，去开发和挖掘原创IP，迎合你头脑中强烈、本真的表达欲念。过去国内喜欢抄袭和模仿国外的大IP，起初也有一定效果，然而随着时间的推移，市场成熟了，受众成熟了，这种非原创性的IP变得越来越没有价值。比如在中国的游戏界，过去抄袭之风盛行，几乎鲜有人去做原创开发，现在不同了，很多公司开始尝试着做原创，因为他们发现玩家对抄袭篡改的东西更加反感，而且从长远来看，也不利于一家公司的发展。

所谓经营的专业化，是指坚持多元化的IP运作思路，一个IP再好，在特定领域内赢得的关注和产出的价值都是有限的，只有不断做大周边、跨界经营才能延长IP的生命周期，也能扩充IP的文化内涵。这种经营手段的专业化，也是为了让你的 IP 商业定位保持在最可靠的尺度上，否则一旦走偏，很可能把一个好 IP 玩坏。

很多时候，IP 的经营不是一个人两个人的事，而是一个 IP 经营团队的事，那么遵循的原则就是"迎合你们的 IP"，这涉及了培养团队创作意识的因素。**当一个 IP 需要集体智慧结晶的时候，这个集体就应当为了"迎合我们"而制定原则和机制，将集体合作的优势发挥到最大。**

比如在手游领域，有些游戏 IP 团队创新力很强，但是经营能力很弱，导致一款有潜力的游戏不能最大化地铺开到玩家群体当中，这就是没有迎合 IP 团队整体效能发挥的结果。一个成功的 IP 团队，必须要懂得渠道、发行和营销的基本常识，要保证团队运作的稳定和高效，这样才能确保 IP 的市场价值不缩水，才能为一个 IP 奠定生根发芽的培养土壤。

很多时候，所谓的最强 IP 并非只是创造出来的，而是运营出来的。IP 通过一种形式呈现在受众面前只是第一步，第二步就是长期的经营，这需要专业化的手段，更需要整个团队的通力配合。这时要确立的思想是：IP 的经营要顺应团队的现状，而不是团队盲目地满足 IP 的经营。因为任何一个团队都有自身的特点，它不会因为一个临时需求就任你驱使。

著名的漫威 IP 漫画《蜘蛛侠》，创立时间是在 20 世纪 50 年代，在 1961 年加入杰克·科比（Jack Kirby，人名）的创意后，成为了销量猛增的漫画，后来又经过索尼影业的重新加工，才变成了现在妇孺皆知的最强 IP，而将这个原本平常的 IP 升级的过程，就是 IP 迎合团队的改造需求而完成的。

在市场多变、IP 概念相对模糊的阶段，找准 IP 的创意方向是极为重要的。在市场备受资本动力驱使的同时，无论是个人 IP 还是团队 IP 的创造者，都要学会甄别市场需求的真伪，在不能确定受众需求的前提下，沉下心来做好自己的原创 IP 才是关键。

2. 卖出一个吸引人的"紧俏 IP"

推销产品，我们要向用户介绍它的亮点，而向用户推销一个 IP，我们也需要向粉丝展示它的卖点。如何在 IP 中寻找到不同于竞品 IP 的卖点，是 IP 营销的关键，也是难点。

现在有一些国内的游戏公司，他们的企业整体战略是布局到了 IP 产业链当中，他们弄不清自身和行业的关系，也搞不清优势所在，对品牌不关心，喜欢闷声发大财，总是想要通过搞一些有噱头的营销活动大发横财，缺乏长远的战略部署。其实不论是游戏公司还是其他企业，既然经历着 IP 时代，就应该将自己的产品打造成 IP，等于在打造自己的生命线。

最强 IP 的卖点在何处，是有内容和受众的闪光之处。用一种流行的说法就是，**最强 IP 能够唤醒对群体的尊重，包含着 IP 的核心卖点、创意卖点、情感卖点、商业卖点和话题卖点。**

第一，核心卖点，是一个 IP 能够视实现自我发酵，不需要通过外力强行催化，这也是最强 IP 的最基本特征。一个不能实现主动发酵的 IP，自然就不能引发受众的好奇心，也不会得到受众的传播，因此生命周期是非常短暂的。比如《西游记》和《白蛇传》这样的最强 IP，会给后人无限深度挖掘的可能，因此长盛不衰。

第二，创意卖点，是一个 IP 能够衍生和进行二次创作的关键。只要是最强 IP，一定要能在时下的广大受众群体中流传开来，并且可以转化为多个周边产品，能够被解释、引用又可衍生和再创作。最强 IP 要能流行，要有足够多的衍生空间，能够被解释、被引用和被持续创作。比如说《星球大战 7》在中国的票房是 7 亿，而《美人鱼》却达到了 34 亿，就 IP 价值而言，《星球大战》至少是《美人鱼》的几十倍，因为《星球大战》能够不断拍续集，也可以撰写成文字作品、漫画和游戏等，其衍生性强于《美人鱼》。

第三，情感卖点，是一个 IP 具有人性化标志的关键。这个卖点在当下的红海竞争中显得尤为重要，特别是对粉丝的聚敛和笼络具有决定性意义。情感卖点一定是做到了和其他 IP 存在重大差别的层次，让粉丝无法舍弃这个 IP，是不可替代的，也是从内容和思想上最能触动粉丝情怀和精神世界的。

第四，商业卖点，是一种被可持续消费的特征。比如说《名侦探柯南》到现在还在更新，一些系列电影《谍影重重》《速度与激情》等，都在不断更新，哪怕其中的剧情再老套，也会让粉丝不厌其烦地追捧，这就是可持续消费的特征。从这个角度看，可持续性同样是抓住了粉丝的情感，只是从商业角度考量，更能识别这一类 IP 的无穷增值空间。

第五，话题卖点，一个 IP 是否具有卖点，也有它的话题价值，这个话题代表着在社交网络关系中的连接部分，它可以成为一次谈话的开始，也可以成为一次谈话的主题。总之，它能够从看似不相干的客体中进入粉丝们的生活中，承载着重塑信任的作用，能够担负新信用体系的形成中枢。也就是说，一个超级 IP 成为别人的话题时，这个 IP 就从粉丝的心智中走出来，成为展现不同人的重要标签。

想做出一个最强 IP 自然不易，需要在五个卖点上都下功夫才行，而这五个卖点无一例外地指向一个内容——粉丝。**无论是核心卖点、创意卖点还是话题卖点等，都是在争取更多的受众进行从路人到粉丝的有效转化。**比如天下霸唱写的《鬼吹灯》，自从 2006 年推出之后，10 年间一共销售出 1 000 多万本图书，并诞生了一个数量庞大的群体——原著党。同时，各种周边的 IP 产品也诞生，如电子书、音频读物等，又从网络上吸纳了一大批的新粉丝。在改编的电影《寻龙诀》上映之后，"鬼吹灯"系列游戏也同步上线，又为这个最强级 IP 聚集了数量更为庞大的游戏玩家粉丝。

从这个角度来看，《鬼吹灯》一直没有离开观众的视线，这个 IP 就像滚雪球一样越来越大。因此，无论它转化成了什么媒介，粉丝们都会心甘情愿地掏银子。即便是拍的并不好的《九层妖塔》，也能最终斩获 6 亿票房，这似乎证明了一个道理：有了 IP 的电影基本上都能赚钱，却不保证不挨骂。

然而《寻龙诀》没有浪费 IP，它遵循了照顾粉丝情感的原则，在电影中吸收了原著写到的"在墓室东南角点灯"和"黑驴蹄子"等摸金校尉的标配，让原著党们获得了极大的心理满足，又创作了全新的适合电影拍摄的地下冒险剧情，而几位主角也基本还原了原著中所创作人物在粉丝心中的形象。

国外对 IP 的重视程度更大，他们在意 IP 的市场价值，而市场价值恰恰是检验 IP 五个卖点最有效的手段。

现在很多国内的 IP 经营者们都认识到，只要引进海外 IP，就必须搭建起完整的产业链条。只有深度发掘市场需求，才能形成完整的 IP 产业链，确保资源上下之间的紧密联系，才能将海外 IP 的引进成本控制到最低，收益得到最大化。

从这个角度来看，紧俏 IP 的本质是在做市场。

做市场需要 IP 团队有实力过硬的创意团队，要有完整的制作流程，这些都决定了 IP 的核心卖点、创意卖点和商业卖点，才能更好地为粉丝号脉，确保 IP 的有效价值。因此，当创造 IP 或者引进 IP 的时候，就要吸取相对成功的制作和发行经验，合理地对其中的成功模式进行复制，而不是机械式地照搬照抄。这种做市场的策略，就是保证 IP 紧俏的关键步骤，非但能有效避免创造 IP 和改编 IP 的失败，还能根据这种模式进行深入的研究，有效地进行反哺。

3. 过分接地气就是没底气

如今，现象级的 IP 越来越少，能够撑得起庞大市场需求的都是些老 IP，这其中除了 IP 的原创能力下滑之外，也是受到了 IP 孵化时间的影响。毕竟一个 IP 从诞生到聚敛粉丝需要很长的消化时间。当然，在这个营销 IP 的过程中，很多策略也起了决定性作用。

IP 的情感因素位列 IP 的卖点之首，也是最为核心的内容。但无论怎么做 IP，都需要一个突破口，这个突破口能打动受众，让受众接受 IP。大多数人对这个观点保持着认同，然而很多人却在实际操作中走偏，他们认为只要是接地气的东西就能突破受众的自我防御，其实过分的接地气是没有底气的表现。

陈可辛与曾国祥联手打造的《七月与安生》，和之前的 IP 改编比较青睐的鲜肉电影相比更为传统一些，因为主演马思纯和周冬雨难以划分为人气明星，只是比较符合剧中的人物设定而已，而且该片对安妮宝贝的原作进行了较大的修改和调整，充满了强烈的时代感，但是没有使用网络词汇，目的是为了刻画大时代背景下小女生的内心世界，而陈可辛的一句"不接地气才是接地气"也引爆了网络，在他看来，网上那些流行的东西都是浮夸的。

IP 小说改编为影视剧是当前影视界的热点，然而改编成功的影视作品赢得好口碑的并不多。很多所谓的热门网络小说，尽管使用了各种"接地气"的手段，却不讨粉丝喜欢，甚至变质为"毁原著"。

如今很多 IP 在宣传的时候，都大量使用了网络流行词汇，表面上看这是一种消费互联网基因的行为，实际上营销效果未必好，要知道你的受众群体不一定是网生代，对他们而言，植根于内心的并不是互联网文化爆发时期，而是没有电脑、网络和智能手机的时代，他们会对网络用语产生好感，但和这些词汇的使用情境有关。像《七月与安生》这样反映了时代变迁的题材，其内涵是要紧抓观众的情感，这个情感对有过相似经历和时代体验的人来说是严肃的，而不是随意可以拿来搞笑的，因此"接地气"的网络流行语的滥用只会适得其反。

受众的情感需求很复杂，它既需要代入感，更需要一种亲近感。代入感和时代因素有关，亲近感和内容有关。在不同的时代背景下，地气的标准是不一样的，用一个固定的尺度去衡量是否接地气，完全是对地气这一词汇的误读和滥用。

无论是做影视内容，还是做文字内容、图像内容，可以借用的流行元素都是有限的，因为能够表现你创造的 IP 内容的形式和内涵是有限的，只有用得扎实和有尊严，才是真正的接地气。互联网时代给人们带来了便利，也酝酿独特的互联网文化，然而这种文化有别于现实土壤产生的文化，它包含的很多因子是幻想出来的，当我们暂时离开网络之后，很多流行语变得很可笑且孤立。

接地气折射出的另一种心态是急功近利。因为在很多投资者和创作团队看来，接地气的东西才是最接近市场，而接近市场就意味着接近收益和回报。结果，这种重视地气却又未弄懂其含义的做法，催生出了一种急于求成的心态。事实上，地气这个词好说，但是实操起来却没那么容易，它更多地反映了投资者疯狂的内心。

如今的市场环境并非不好，只是很多人缺乏足够的耐心。一个 IP 的好坏，不能用接地气作为标准，更不能用接地气作为一种规则来要求，因为接地气的尺度并不容易把握，也不能真正反映出受众的心理需求，仅仅是停留在形式层面的。

郭敬明的《爵迹》票房落败，是不接地气造成的吗？剧中到处使用了网络流行语，然而在一个奇幻世界为设定的故事背景下，这种流行语显得不伦不类，观众或许在观影的时候会笑，然而笑过之后却无法产生连接这部影片的情感体验，因为苍老师和奇幻大陆之间半毛钱关系都没有。

台词也好，题材也好，并非是衡量接不接地气的标准，而是这个气接的有没有必要，是回归剧情还是生硬捏造。《冰与火之歌》也是奇幻大陆的背景，但剧中的人设、故事和文化内涵，都是和现实世界相映衬的，我们都能在其中窥见到身边人、身边世界的影子，然而这不是接地气，而是迎合了观众的情感需求——反思人性，反思世界。

所谓接地气，不过是一种缺乏创意和主题下的模糊定位。只要是生活在地球上的人类，创造出的内容不可能完全脱离地气，都是来源于生活，只是在加工的过程中不去研究受众的心理，硬生生改造得面目全非而已。

在当下这个内容消费强大的市场中，IP 的原创能力确实遭遇了很大的挑战，从影视剧的高度雷同的桥段到各种侵权、抄袭和署名权之争，既反映了 IP 走热的现状，也反映了 IP 持续诞生的困难。这背后隐藏的原因比较庞杂，然而单从接地气标准的泛滥来看，归根到底是没有理解受众的需求。

很多热门 IP 在跨界之后遇冷，不是因为营销失败，也不是内容垃圾，而是表达方式上出了问题，让本该怀旧的东西网络化，让本该严肃的东西段子化，让本该深情的东西流行化，最终导致了情感传递的扭曲，因此受众无法接受这样的 IP，因为它根本达不到触动受众深层内心需求的阈值。

一些 IP 运营的失败，本质上就是二次加工的失败，这个二次加工隐藏在 IP 传播的过程中，它是 IP 自身内容和受众感知结合的产物。一部《葫芦娃》有着中国传统文化的内容，受众对传统文化和民俗传说有感知度，二者结合产生了对神话故事的内容消费，而剧情的编织和主题的营造，最终孵化出了葫芦娃这个最强 IP。

IP 不是万能钥匙，也不是一锤子卖卖，它既能给你表达在投资市场上的需求，也会在你遭遇挫败之后让你反思。当你不去思考接地气和 IP

之间是否存在必然关系的时候，滥用这个标准的结果就是和真正的IP法则渐行渐远。

4. 走心的IP胜过快速消费的IP

有人说，一个最强IP应该点燃粉丝消费它的欲望，也有人说，最强IP应该是打动粉丝内心的敏感点……前者是快速消费，后者是走心，那么究竟以那一条路为切入点，的确是一个IP持有者需要思考的问题。

我们暂且搁置这个选择，来看一看IP市场的环境，在当今互联网力量的影响下，一切有形之物还是无形之物的内容都在发生演变，可以用一个字来描绘它们的特征——快。

如今的互联网消费原则是内容，而不单纯是比谁更快。在市场和消费习惯的培育期，的确以快速消费为代表，然而现在受众的品位提升了，他们在追求简单的感官快乐的同时，更在意内容本身的质量。就中国市场来说，受众广大，欣赏水平不尽相同，去掉阳春白雪不谈，总会有人喜欢下里巴人文化。

不少网络红人，他们是通过小段子、黄故事和看似真实经历的鸡汤文来挑逗网民的感官和认知，他们就是以娱乐大众为目标，有的高大上一点的成为了经典之作，有的稍微低俗一点的成了文化垃圾，虽然他们在观感上娱乐了中国网民，在大众的精神层面也产生了一定的影响，然而这些都和做内容、做IP无关。

IP必定不能只停留在感官层面，一定要走心。比如悬疑恐怖惊悚的灵异小说IP《成都凶灵档案》，是一个能够在同类题材泛滥的环境下诞生的佳作，故事结构精妙，结局出人意料，这就是走心的表现。

就拿这些灵异小说而言，如何让人们在惊恐之余产生思考，这是非常关键的。作者将故事背景设定在成都的真实地点，每个故事都有恐怖灵异之处，然而又事出有因。灵异小说的目的不是为了刺激受众的神经，而是让人们正确面对生活，要传递的是正面的三观。

如今我们身处一个快速消费的时代，能够主动选择所获取信息。制作快速消费的产品是一件很容易的事，也是任何一个同类产品都能做到的，然而走心就不同了，它需要沉下心去琢磨受众的真正需求，也需要创作者付出更大的努力。

青春电影《小时代 4》和《栀子花开》都属于高开低走的片子，原因就是不走心。自从《那些年，我们一起追的女孩》和《致青春》火爆之后，不少电影人将视线投放在青春电影上，导致这一类题材热度不减，然而后来跟进的不少青春电影，活活进入了死胡同，原因就是内容做的不够好。采用地毯式的宣传和密集的排片突破了票房大关，成为了票房好口碑差的代表。

《小时代 4》在上映之初，郭敬明和他的粉丝们在微博上发起了"看小时代 4 哭成狗"的热门话题，算是为影片造了声势，然而低成本的制作和过于俗烂的桥段，加上演员们不成熟的表演，让大家终于明白这类电影其实没什么内涵，虽然能产生话题，虽然能从粉丝身上赚到一些银子，但很快就被更为走心的片子取代，比如《捉妖记》和超级 IP《大圣归来》。

这些青春电影失败的原因，就在于只有青春的年龄而没有青春的含义，缺乏对青春的代入和反思，而是一种主观的意想，所以这种残酷的青春总让人觉得很虚假，无法产生共鸣。不能触动受众的情感需求，自然不可能成为 IP。这一点，就算是死忠粉，能被骗一回两回，但也不会永远被骗，否则就是审美出了问题。

不走心的 IP，都是泡沫 IP，哪怕是在华语圈子甚至是国际上有影响力的陈凯歌和吴宇森，虽然都是带着书写国家和民族寓言的情怀创作电影，然而他们的《道士下山》和《太平轮·彼岸》都遭受了重创，《道士下山》票房 4 亿，赔了本，《太平轮·彼岸》首周票房只有 2 990 万元。这些钱的教训似乎在告诫后来者：不走心的作品，即便有国宝级的导演和强大的明星和好莱坞式的特效，都有可能阴沟翻船。

这些大咖们的失利，并不是能力上的不足，也不是认知上的落后，因为他们有着旁人难以企及的电影艺术高度，更不能用江郎才尽就能敷衍了事的。他们的失败，是源自对观众情感脉搏把握的失策。因此呈现给观众的就是一个不走心的失败作品。

掌趣科技联席 CEO 胡斌，曾经在一次演讲中说过这样一段话：IP 并不是有钱、任性，只要花钱拿到就可以赚更多钱这么简单。为了解释这段话的含义，胡斌举了手游《不良人》做例子，当时这款游戏的原生 IP 被游戏公司买来之后，并不是一个最强 IP，只能算是一个有人气的国产漫画，然而它的故事题材是武侠，面向的受众是高中生和大学生，他们恰好是适龄的游戏人群，正处于血气方刚的年龄，似乎更青睐于点燃他们战斗欲望的游戏，但是游戏公司没有轻率地为游戏定型，而是认真分析了漫画的精髓，每周举行一次例会对游戏中的设定和内容进行修改，还增加了一些彩蛋，通过隐藏剧情的方式融入游戏关卡之中，完成了对动画剧情的补充，起到了 "1＋1 大于 2" 的作用。另外，游戏公司还特别照顾核心粉丝的需求，在 IOS 和安卓系统第一天上线游戏后，核心粉的次日留存高达 70％ 多，而且对游戏内容非常满意并提供了很多意见。显然，没有游戏开放初期的不断修改和优化，不会有这么玩家坚定玩下去的信念，这就是典型的走心策略：**不用华丽、肤浅的外壳让玩家消费，而是用精致、饱满的内涵让玩家走心，最终实现了从核心粉丝向非核心粉丝的扩张。**

王阳明说过：心不是一块血肉，凡知觉处便是心；如耳目之知视听，手足之知痛痒，此知觉便是心也。市场是浮躁的，资本更是浮躁的，因此催逼了不得不浮躁的 IP 创作者们，受制于一些大 IP 的影响，一些粉丝也变得浮躁起来，并未达到真正的成熟期，所以快速消费成为资本市场追逐利益的风向标，也就造成走心的作品越来越少。

作家刘震云在宣传《一句顶一万句》时，曾经有人担心看不懂这部片子的内容，刘震云说，观众一直在发生变化，这种变化对电影来说是可喜，因为之前很多观众喜欢的是视角效果甚至是胸大无脑的狗血片。

事实的确如此，现在的市场环境下，即便没有明星阵容的《驴得水》依然取得了不俗的业绩，这说明走心的内容更被人喜欢，人们更喜欢看到跟自己生活密切相关的电影，因为这是他们对 IP 寄予的永恒的情感诉求。

5. 职业 IP 养成师——IP 经理人

如果说个人 IP 依靠的是人格魅力和人生阅历养成的，那么企业 IP 面对的情况会更复杂：它没有人格化的特征，充满集体意识，发展史相对漫长且复杂……那么，企业 IP 该如何打造？是依靠决策层敲定大方向，还是依靠执行层出策划方案？为了应对这种尴尬的局面，现在国内诞生了一种新职业——IP 经理人。

IP 经理人是企业内部的知识产权管理者，它是一种新兴职业，是在 IP 爆发的市场环境中诞生的特殊岗位。在国内的一线城市和工商业发达的城市，已经有越来越多的 IP 经理人进入企业当中。

IP 经理人必须成为对一个企业当中对各技术环节都非常熟悉的人，同时还要了解市场前沿趋势，能够在最短的时间内判断某一个创新是否值得申请专利。在这个工作环节中，**IP 经理人需要引导研发和生产部门不断创新，也需要在关键时刻说服企业的负责人。**

以中国人传统的思维来看，很多专利听起来高大上，但往往不具备实时变现的能力，很难在短时间内展现出市场价值，因此 IP 经理人要想描述出一个专利未来的价值是有难度的。尽管如此，IP 经理人仍然是当前企业中不可或缺的角色，因为未来企业之间的比拼，很可能不再单纯是品牌和品牌的较量，更多的是 IP 和 IP 之间的对决，一些没有 IP 化的企业会渐渐被淘汰出局。

IP 经理人正是完成企业 IP 化的执行者，而不是单纯为了企业品牌服务。很多人分不清 IP 和品牌的区别。通过对比可以发现，IP 有着强大的穿透力和延展力，能够在各种文化创意形态中演变为多种 IP 衍生品。只是从表面上来看，IP 和品牌似乎有着很多相似之处。品牌同样重视内涵和理念以及情感共鸣等精神层面的内容，也是一个需要长期培育粉丝的工作，而非短时间内可以打造，品牌同样也有衍生而出的子品牌、副品牌等。

但是，IP 终归和品牌的存在着一个本质的区别：**品牌依赖于一个或者一种类型的产品，而 IP 则不需要这么强的黏着度**。不会有人在没有产出产品之前，就凭空创造出一个品牌的名字和内涵，一般的产生顺序是：市场需要一个什么样的产品，我怎么去做这个产品以及如何在产品中融入我的理念和内涵。

相比之下，IP 的自由度更高，它不需要依托于具体的某种形态，只是在目前国内市场中这个特征还不明显，比如一些由文学 IP 改编的影视 IP 等等，这也从侧面反映出我们的 IP 衍生品开发能力还不足。不过站在整个世界 IP 市场的角度来看，IP 最终的目标是追求文化价值的认同，也可以看成 IP 提供给粉丝的不是单纯的产品功能属性，而是一种情感依赖。因此，**凡是能反映出特定情感和文化的产品，都是 IP 而非品牌**。

当然，如果一个产品在用户眼中，首要看重的是产品的功能性，所以它还不算是一个真正的 IP，而 IP 的衍生品不会受到用户购买决策的影响，只是受到他们的情感需求的影响。一旦用户将功能放在第一位而完全忽视了附属的情感元素，这个 IP 衍生品就失败了。同理，品牌的衍生品由于过分依赖于原生产品的功能，自然也会让用户理性选择，最终被选择的可能性会大大降低。而对一个超级 IP 来说，无论怎样跨界都是很容易生存下来的。

从 IP 的构成来看，主要立足于底层建设，其中包含着 IP 形象、IP 故事、IP 人物等多个元素。而品牌是通过产品构建和品牌理念构成的，而且这两者之间的关系是先后而不是同时。当然，IP 和品牌之间存在着一定的转化关系，有些知名企业的品牌已经走向 IP 化，不过这和有意识地创造 IP 不同，这只是某个企业在长期的品牌建设中，越来越向 IP 靠近，赢得了广泛用户的信赖和市场的关注。

以可口可乐为例，最开始只是一个品牌，它的品牌理念是快乐和梦想，随着时间的推移，可口可乐已经变身为一个超级企业 IP，它所代表的也不仅仅是饮料制造，而是梦想和乐趣的创造者，它已经从一个企业转型为一个娱乐公司，甚至在某种程度上可以视为内容提供商。

将品牌转化为 IP，可口可乐经过了漫长的、丰富多样的营销活动才完成的。可口可乐常年赞助各种活动节目，不断对外展现"快乐与梦想"的情怀，比如在国内比较著名的"昵称瓶 Campaign"活动中为广大消费者提供了连接的乐趣，另外其赞助的综艺节目《美国偶像》也体现出它对梦想追求者们的支持。

同样，苹果手机和电脑能够行销全世界，也使其品牌升级成为 IP，它所代表的不仅是一款高端、艺术的数码产品，而且是一种创新精神和头领意识，很多果粉追捧这个品牌，意味着他们对苹果式价值观的认同，这就完成了品牌的 IP 化，让 IP 向用户倾诉一种感受，而 IP 变现就是从用户的消费行为中收获精神层面的归属感。

作为一个 IP 经理人，就要有这种将品牌打造成为 IP 的责任感和意识。从 IP 和品牌的异同点来看，IP 经历应该具备品牌经理、产品经理和销售经理以及运营经理等多个岗位的技能。

第一，要喜欢内容和创意的相关活动，是一个善于洞察人心的人，因为 IP 的底层建设正是植根于粉丝的情感，是一种无形的产品和服务，侧重于强调文化和价值观，只是最终需要通过内容、产品和服务三个层级进行展现。无论是那一类型的企业，都要明确你的品牌是什么，这样才能清楚你的 IP 是什么，才能准确地找到属于你的死忠粉。

第二，IP 经理人要深谙粉丝经济规律。经营 IP 本质就是经营粉丝，这个职务的设定就是给企业带来黏着度极高的用户，品牌经理至多是听取用户的意见，然后对产品进行修改和完善，而 IP 经理人是要高效率，在移动互联网时代的背景下挖掘大数据和微信息，为粉丝贴上各种不同的标签，要在 IP 还在酝酿的时期就让粉丝参与进来，不漏掉设计、研发以及推广营销等各个环节中的关键步骤。

第三，IP 经理人要极具变现能力。IP 最终的价值需要通过粉丝完成变现，所以没有产品变现意识和能力，就很难完成这最后的步骤，如何在跨界后产生 IP 衍生品，如何营造多米诺骨牌效应，这都是 IP 经理人需要思考的，他们应该对企业 IP 的市场价值有一个大致准确的估算，不至于在品牌升级为 IP 后茫然无措。

IP 经理人的出现，预示着国内 IP 市场正在走向成熟化、专业化和产业化，也反映了当下 IP 运营手段的随意性和盲目性，虽然对个人 IP 而言，IP 经理人注定要缺位，但有心者可以从 IP 经理人的专业知识中汲取管理 IP 的方法和经验，同样也有助于自身 IP 的养成和发展。

第六章

体验经济，匠心独具造 IP

1. 提供有价值的思维共享

在人类早期的文化发展过程中，存在着思维共享这种形式，直到今天这种形式依旧不灭。在很多人看来，天下的事情能够互相参与和分享符合世界的基本原则。比如爱斯基摩人相信，虽然有很多海豹，然而每一只海豹都是同一个海豹神灵的显现。同理，印第安人也是这么看待狼的，早期人类认为他们无时无刻不在参与和分享着大自然，这就是最朴素的思维共享。

尽管现代人会觉得所有的海豹都是一只海豹神灵的显现很扯，但是基本的原则并不变，只是现代人形成了一种更客观更科学的思维方式。思维共享是一种不同的感知和思考方式，然而进入现代社会之后，我们似乎抛弃了它。

有些 IP 之所以未能引爆，是因为走了平实思维的路线。

平实思维是一种依据现实的情况来反映现实的，简单说就是告诉你现实世界的本质。一般来说，人类会将这种思维方式认定是最完美的方式，特别是在技术层面，平实思维还是非常实用的，也不会让人犯错。但是脱离了这个领域之后，平实思维就显得有些力不从心了。

尽管平实思维被应用到一些实践活动中，然而人们还是倾向于利用共享思维处理生活中的那些事，因为平实思维过于受限。

那么，对于 IP 传播来说，平实思维难道不是最好吗？答案是否定的。

平实思维并不利于传播，它也不利于将 IP 的影响力扩大到更广阔更深度的层面，只有共享思维才是横向聚集粉丝的有效思考方式。举一个例子，当你的偶像被攻击的时候，共享思维模式下，你会认为自己也遭到了攻击，就会替偶像说话。如果是平实思维下，你会认为偶像的事和自己没有必然联系，你也许会关注，但你不会认为这和自己有关。

很多时候，人类在运用共享思维的时候却没有意识到它的存在，原因在于平实思维会让我们认为自己一直在考虑现实问题，换个角度看，就是我们对平实思维寄予了过高的期待。然而实际上，我们的潜意识里对共享性思维的利用率更高，只是经常和平实思维掺杂在一起。

总的来说，平实思维控制着人的意识认知领域，推动了科技的进步，而共享思维却隐藏在幕后，起着推波助澜的作用。

对于 IP 来说，共享思维意味着我们共同分享一个价值观，而共享正是从分享资源开始，这个资源可以是有形的，也可以是无形的。IP 的核心内容，会通过共享思维从局部渗透到整体，进而将 IP 周边所有和它产生关联的内容吸附在一起，所以一个超级大 IP 的内容是很庞大的，它所聚集的粉丝群体也是广大的。

共享性思维的本质是让所有粉丝认定万事万物都是可以参与和分享的，如果在 IP 的传播中套用这种思维模式，就会产生几何式的引爆能力，一个粉丝会扩展到两个粉丝，而两个粉丝就会变成为四个粉丝，呈现出可怕的裂变式的增长趋势。一个成功的 IP，在粉丝眼中，必定是不独立存在的，它和每一个 IP 内容的分享者都息息相关。正是这种非独立的定义所在，才让IP的跨界有了可能。

平实思维是用于服务简单对象的，它无法帮助IP实现横向和纵向的传播，反而会将IP的精神主旨锁定在某个层面。比如《变形金刚》这样的超级大IP，在平实思维的认知下，它就是一个有关外星高级机器人的故事，但是在共享思维下，变形金刚是拟人的，它能够反映出人类对自身和世界的认识，它更能追溯到粉丝初次收看《变形金刚》动画片时的感受，进而上升为一种怀记童年的情感高度，而喜欢变形金刚的粉丝们，又会在一起交流分享，产生博派的粉丝和狂派的粉丝，IP的内容得到受众的二次加工，内容变得更加丰富。

共享思维可以帮助粉丝跳出IP的原有内容，去寻找它的新价值，从而延长IP的生命周期。现在有一个流行词汇叫做分享经济，它的核心思想就是共享思维。

分享经济也被叫做共享经济，虽然从字面上看，分享和共享存在着区别：分享是主体带有一定的支配或主动地位，共享却是大家在同等位置为共同目标努力并分享权益。但是从驱动思维来看，都是资源和信息的共享。

分享经济的本质就是要和用户一起分享而产生的经济价值，用户可以理解为忠诚度升级之后的粉丝。这些粉丝对IP有着个人消费，也有群体消费，比如变形金刚的粉丝，他们会通过观看电影，购买玩具来消费这个超级IP，也会通过线下的组织活动产生更多的消费内容。这就是思维共享带来的经济分享。

"互联网+"时代，参与感是经常被提到的关键词，而参与感的本质也是共享思维，就像小米手机一样，每一个用户都能参与到MIUI（米柚）系统的改良和升级中，自然就对品牌产生了忠诚度，会不断关注小米的成长，也会在小米遭遇外界诟病的时候站出来，而这恰恰是平实思维下无法做到的。套用到每一个IP上，这种参与精神都是在增强粉丝和IP的黏性，而有了粉丝的IP，生命周期会不断延长，并通过粉丝的二次传播扩大其影响力。

当然，思维共享也存在高价值和低价值之分，区别在于提供给用户、受众和粉丝的资源和信息。像变形金刚这种创意十足的故事和玩具，就是高价值的资源和信息，它能让粉丝们发现：汽车不单纯是车，它可以通过物理机械的方式变成人。这绝不单纯是对 IP 的理解，会通过粉丝的成长升格为一种思维方式，会让粉丝不再孤立、肤浅地看待问题，甚至会引发一些商业层面的创意点产生。反之，一个只能提供恶搞、低级趣味的内容，就无法带来高价值的信息共享，甚至会产生病毒式的传播，与其叫共享不如叫"洗脑"。

2. 做有互联网思维的 IP

互联网思维是 2013 年开始火爆的一个词，特别是在一些成功的互联网公司的带动下，这个词甚至成为了成功学的代名词。

互联网思维体现的是互联网对社会重要影响的一面，包含着去中心化、快速和情怀等三个方面。既然互联网思维有如此重要的价值和内涵，那么对大多数需要依靠互联网传播的 IP 来说，互联网思维完全可以运用在 IP 上。

第一，IP 的去中心化。

现在互联网行业最大的变化，就是让很多人觉得无所适从，究其根本是传统媒体和网络媒体的巨大差异。在传统媒体时代，信息的传播存在着几个重要环节，纸媒以刊物为节点，广播以电台为节点，想要关闭信息流出的源头很容易，停刊、关台就可以了。然而在互联网时代则不同，信息的流传是多元化的。

根据去中心化这个特点，可以看出 IP 也需要免除中心性思维。IP 面对的受众不是固定的，只有去中心化、走多元化甚至无元化，才能让

IP 传播的更广泛，更具有可复制性，这种不依赖传统媒介的存在方式，让 IP 有了更大的增值空间。水军可以在去中心化的互联网时代颠倒黑白，粉丝同样也能为 IP 带来有利的宣传。这种信息传播环节被彻底消灭的今天，**IP 从一个领域诞生再到另一个领域流传，具备了便捷的传播路径**。对个人 IP 而言，去中心化更是不可替代，多少网络红人和自媒体，都是在自由传播的环境下诞生的。

当然，IP 的去中心化会增加 IP 的传播成本，因为在传统媒体时代，只要抓住几个重要的媒体源头就能实现信息的传播，而现在传播的通道多了，舆论导向和舆论控制就很难做了。基于这个特点，只能有针对性地为 IP 定位，而不是盲目地搞撒网式的病毒传播，所带来的效益不大，还会产生负面评价。

IP 的去中心化，本质上就是让 IP 更适应互联网的变化，无路是企业 IP、个人 IP 都需要在新媒体时代建立自己的传播策略，这也是为何小米获得成功之后无数人学习雷军的原因。试着建立属于 IP 自己的自媒体传播渠道，寻找和吸纳高质量的粉丝，是 IP 不变的生存法则。

第二，IP 的快速传播。

去中心带来了 IP 传播的利和弊，那么接下来 IP 就面临着一个问题：如何在信息渠道复杂、信息碎片化的时代有效地传播，答案只有一个：天下武功，唯快不破。

看看近些年兴起的社区和微博就能发现，它们都是保持着每天几次更新的良好习惯，将当下发生的所有热点新闻都作为运营的内容，由此吸引了大批的受众关注，这么做的目的只有一个：持续锁定受众的关注点。

在信息爆发时代，在自媒体和网红辈出的时代，只有快，才能在网络上保持着旺盛的生命力，才能将所有人们关心的热点集中在一起，实现资源和信息的最大整合，换句话说，你更新得快，用户就无暇顾及其他的同类产品和服务了。

IP 也是如此，想要在众多处于培育期的 IP 中脱颖而出，就要不断地更新再更新，吸引粉丝的注意，提高和粉丝的互动频率，也能最有效地检验 IP 内容的好坏。抓住了粉丝的需求，就能从被动转化为主动，让更多的受众关注你的存在。

信息传播渠道的叠加，的确给 IP 的酝酿和传播带来了压力，所以只有做到快速更新才能将这种压力隐藏在后台。比如你是一个网络主播，在上一次直播中你输出的内容有误，引起了粉丝的热议和侧目，最好的解决办法就是更新直播的次数，让粉丝无暇消化你的失误，更无暇去关注其他主播。这种做法表面上看起来很累，却不断让 IP 产生新的关注焦点，内容主干和旁支都得到了不断完善，IP 的生命力也就增强了。

互联网时代，犯错很容易，因为信息的错误率增加，一则新闻刚出，到了第二天可能会被辟谣。只有不断做内容更新，才能正面消解这种尴尬。另外，信息的频繁更新，也是对 IP 自身内容的不断优化，使之更加适应互联网时代下的受众和市场。

第三，IP 的情怀

之前我们讨论过 IP 的重要属性——满足粉丝的情感需求。现在我们谈的是互联网思维下的 IP 情怀。去中心化所产生的一个附加特征是：人人都可以是自媒体，那么人人似乎都有了发言权，那么对用户来说会产生信息的分歧。在网络上，这种孰是孰非很难定论，那么让用户更倾向于哪一个就更为重要。

显然，光靠说服力是不够的，因为你有口才，别人有诡辩。比如在世界杯期间，一些专注球赛的主播会有自己的评球观点，同样其他主播也会有相近或者相反的观点，这时候依靠争论是没完没了的，只有一招效果最为明显，那就是打感情牌。让用户从情感上靠近某一方，他们自然会接受你所传播的信息。

IP 也是如此，同样的内容题材，同样的表达方式，同样的资本投入……本质上拼不出你死我活，只能两败俱伤，因此走情感路线的 IP 才是最终的获胜者。不要和粉丝去谈逻辑，跟他们谈信仰和感情，这才是 IP 的生存策略。

个人 IP 也好，企业 IP 也罢，感情牌打好了，就是为品牌无限生成溢价，也能在未来发生失误时保留挽回的余地甚至是转机。就拿"80后"的偶像韩寒来说，且不论他的才气究竟有多大，单就是他和铁杆粉丝之间建立的情感联系，让他无论把电影拍成什么样都会有粉丝买账，而不会被来自异端的评价体系攻陷。于是，个人 IP 保住了，内容 IP 也活下来了。

有人断言，在互联网时代，真与假、好与坏、对与错，在不触及原则问题上的时候，已经不那么重要了，尤其是对文艺作品的评价更是如此。**粉丝们并不在乎真相，而是在乎是不是自己想要的真相，如果和自己的初衷相违背，那么他们宁可不信。**

小米打感情牌是很成功，他们将手机定位为青春发烧，让不少粉丝勃然心动，因为小米很清楚他们的投放人群就是年轻的、敢于尝试新式手机、又没有丰厚资金储蓄的年轻人。简单的四个字，代表着一种价值观，价值观有了，自然不缺信仰。这个价值观的受众群体，换个角度看，任何一个 IP 也可以根据针对的群体制定出一个口号，一个能打动这个群体的宣言，有了宣言，何愁粉丝不够忠诚？

"互联网思维"就是有悖于传统媒体时代下产生的新思维，其实它的内涵谈不上有多么复杂和深刻，但是会颠覆我们的某些传统理念，刷新对 IP 的固化、陈旧的认知，当一个 IP 持有者真正接受互联网思维之后，才能对 IP 完成商业化、时代化和网络化，最终打造出最强 IP。

3. 坚持提供原创让 IP 永不枯竭

IP 市场的惨烈争夺战，究其根本，还是原创 IP 太少造成的。当然，站在投资者的角度看，原创 IP 风险大，不如把钱花在价值不菲回报更高的既有 IP 上。

IP 价值风险是客观存在，然而更为客观存在的是：真正的超级大 IP 不是谁都能消费得起，而且存量极其罕见，大部分人要么收购小 IP，要么老老实实地做原创 IP，而收购小 IP 很可能是做无用功，不如原创 IP 的可塑造性。

一个原创的 IP 要有计划地产出，要制作有可见性和计划性的 IP 开发方案。这要求 IP 的创造者们弄清你最擅长做的是哪一类内容，这类内容在市场中的竞争状况如何，能覆盖多大的受众群体，可延伸的内容多不多以及生命周期的估算。只有考虑清楚这一系列问题，才能继续推进 IP 的孵化。

IP 原创困难的另一个原因在于 IP 的授权很难，存在着大量的争端，现在市场上的规则也从侧面反映出一个现状：**IP 授权进入一个困局和变局当中。在游戏领域当中特别突出。**

目前在市场上，资本大咖们追逐的主要是能够跨界流通的 IP，这就导致了以手机端为平台的自主研发的 IP 十分受限，而受限也决定了它的价值更昂贵，因为外界流入的 IP 难以在这个领域大放异彩。**所以在游戏界，产出原创 IP 的商业意义重大，每一个内容提供商都应该考虑一个现实问题：用户的接受度和流动性。**

从文学 IP 跨界到游戏 IP 最成功的当属《花千骨》与《苍穹变》，然而这一类的 IP 少之又少，其他的动漫类的 IP 授权，比如《十万个冷笑话》就是经历了高开低走最后仓促收局的过程，其他的如《琅琊榜》《星战风暴》等披挂着影视和文学行业顶尖名头的 IP，成绩也不是那么理想。

我们讨论游戏界的 IP 跨界难，也是在试图印证一个观点：万能的 IP 并非不存在，但真的是少之又少。无论是影视、图书还是游戏等行业，越是黏着性强、消费能力高的用户，他们的口味越是独特，不会轻易容忍跨界 IP 的出现，更喜欢诞生在本土的、具有针对固定受众群体的 IP。从这个角度看，与其费尽力气改造一个跨界 IP，还不如根据用户的需求创作一个定制的 IP。

在国内的游戏市场，不少换皮游戏套 IP 的做法伤害了用户，让用户对游戏 IP 生态圈产生了种种厌恶，这种厌恶吞噬了用户的忠诚度和对内容提供商的信任感，重新建立是要耗费不少力气的。

行业竞争的残酷，让不少游戏厂商既要面对红海的吞没，又要绞尽脑汁想去开拓一片蓝海。其实，原创 IP 就是最大的蓝海，只是达成这个认识是不少游戏厂商经历了惨痛的教训之后，他们经过长期的实践发现，别家的 IP 不是那么容易赚钱的，对 IP 的营收能力产生了怀疑，甚至还出现了无 IP 游戏超过有 IP 游戏的怪现象。

资本市场的狂躁性和盲目性，催生了很多低价值甚至是无价值 IP 卖出好价钱的现象，当然，这里说的价值只是在具体投放的领域，并不是指它诞生的那个圈子的价值。正是基于这个残酷的真相，有些内容提供商开始忌惮 IP 类游戏的营销战略。

资本市场一旦冷静下来，他们固有的精打细算的属性会跟进，他们会调整甚至推翻之前的做法，因此现在不少游戏厂商不敢轻易引进 IP，那种砸钱买断 IP 的事情越来越少。偶尔有引进 IP 的，也是倾向于深度合作的方式，然而这种方式的本质还是考察 IP 引入后自带粉丝的实际效果。

在理性认识 IP 跨界产能的前提下，不少人发现，其实盈利的来源未必都是源自 IP，IP 带来的泡沫掩盖住了它的真实价值。号称最不缺钱的游戏界也开始怀疑买断 IP 的商业价值，内容提供商与其冒这么多风险，不如沉下心来做实一个原创 IP。

以《苍穹变》为例，虽然它是一个跨界而来的网络小说 IP，然而这部小说的创意源却是游戏，属于在游戏界诞生的网络小说 IP，游戏界就是它能够实现最大价值的土壤。因此，有游戏厂商开始筹谋这种源自本土贡献本土的IP定制打法，一旦做起来，再去经营"书游同步"的盈利模式，不是从游戏界跨出到外界了吗？

非跨界的原创IP，不仅在投资成本上较低，而且对用户的伤害也最小，毕竟它源自于本土，不需要过多的改编，也不会脱离用户的需求太远，其运营的风险能够降到最低。相比那些花天价购买的跨界IP，原创IP少了野蛮的杂糅和生硬的添加，能够最大限度地激发用户的接纳度和好感度，恰中了IP情感元素的要点，所产生的内容体验也不会太差。

游戏界对原创IP的重视，也和IP的孵化有关系。一般来说，一个能称得上超级的IP，需要经过至少五年时间的培育，能达到这个标准的IP存量不多，早就被有实力的厂商收购，剩下来的优质IP数量稀少且往往是存在估值风险的IP。因此，改变对既有IP的战略态度，是适应市场变化的明智之举。

正是看清了既有IP和原创IP的利弊，游戏界对收购网络小说IP的热度下降了许多，越来越多的内容提供商不想承担跨界变现的风险，他们宁可重新制定规则，将更多的精力放在改善游戏IP的生态圈上，也不会再花冤枉钱。现在，像游族网络这样的公司，自主建立了泛娱乐原创IP的计划并着手实施，目的就是走IP竞争的蓝海战略。这种大战略层面的转变，正是一种全新的原创迎击跨界的策略。根据现在IP市场的竞争烈度来看，重金收购的IP一旦玩不好，将会成为压在自己身上的包袱，甩不掉，而且得不偿失。

4. IP授权须谨慎

随着IP市场的火爆，收购IP、出售IP和转让IP的事情越来越多，那么这涉及了一个重要的商业行为——IP授权。其实，在IP运营纵深立体化的今天，如何细化授权是每一个IP运营者需要了解和熟知的。

事实上，IP 市场的忽冷忽热，抛开一些外界因素的影响之外，还有一个原因不容忽视，那就是国内缺少一个能够囊括各种 IP 同时又具备生态链的平台，这个平台的意义在于，能够保证 IP 交易和后续问题的顺利推进。如今市场上的 IP 买卖都比较自由，也缺少一定原则和法律的保障，让很多资本大咖手里攥着钱，却不知道如何购买 IP，也让很多 IP 的持有者掌握着好 IP 却卖不出去。这就像支付宝、财付通这一类的第三方交易平台诞生之前，买家不放心先款，卖家也不放心先货，导致交易无法进行。

IP 交易平台的重要性，可以决定着中国 IP 市场能否被深入挖掘的与否。 虽然国内的文化生态没有国外那么繁荣，但是几千年的文化沉淀，让国内还是留存了一些 IP 内容和准 IP 内容，这样一个蕴藏丰富的潜力市场，由于暂时的缺位导致了 IP 和 IP 衍生品的生长乏力，这其实是在浪费 IP 资源。

只有建立连接 IP 买卖双方的桥梁，才能确保 IP 的价值不丢。现在，不少人开始思考如何让中国的 IP 授权问题得以解决。2017 年，中国 IP 授权年会组委会特别增设一个"玉猴奖"，用来评选最有商业价值的中国原创 IP，进一步发掘国内原创 IP 的潜力和孵化水准，推动原创 IP 的授权和推广。

那么问题来了，在一个快消的市场环境下，如何让 IP 获得可持续发展。

IP 时代的到来，一定伴随着更多符合这个时代特征的产物。2015 年是 IP 元年，市场上出现了很多 IP 和类 IP 的出现，接着又更多的附带 IP 价值的衍生品流行，还有一些带有鲜明特征的个人 IP。当 IP 的增长速度超过了市场的消化速度时，IP 很可能会被一些消费者讨厌，因此在未来，IP 一定会进入一个深度运营的时代，到那时，会有更多的企业将视线放在定制和孵化个人 IP 的领域中。

这种定制和孵化 IP 为代表的全产业链，显然会让 IP 从生产到运作

再到开发变得具有程式化和生态化。在泛娱乐化时代的大背景下，IP 的生产会朝向纵深发展，IP 的全产业链也会有利于 IP 运营的纵深化，更能促进 IP 授权的格式化。基于 IP 生产全产业链基础上的授权，自然会变得更加精准，也会降低授权过程中消耗的资源，让 IP 授权落到实处。

让 IP 方以多种衍生品的形式存在，进入到制造领域、渠道领域和采购领域甚至是资本市场，这才是 IP 时代的真正特征。

2014 年，由迪士尼出品的《冰雪奇缘》在全世界引爆之后，女主角艾莎公主娃娃在全美销售处了 2600 万美元，主人公安娜和艾莎所穿的"公主裙"则在美国售出 300 万条，按照每条裙子 149.95 美元的售价，迪士尼获得了大概四亿美元的收入，而《冰雪奇缘》的北美票房也就相当于这个数字而已。

冰雪奇缘这个 IP 的价值深挖，是 IP 深度运营的成功典范，也从侧面证明了拥有一条成熟的 IP 产业链的重要性。事实上，IP 产业链的形成和完善，会让 IP 授权变得更加规模化，而 IP 授权的行业制度的形成和确立也会反过来促进 IP 的发展。举个例子，当一个 IP 授权品从玩具再到文具领域衍生的话，种种规范的细节会让授权变得更专业化和规范化，也会推动 IP 运营的进步。

未来，IP 授权的细化和 IP 深度运营，极有可能给整个 IP 市场带来多米诺骨牌式的震荡效应。现在中国的 IP 授权现状是，当一个 IP 被某个持有者掌控之后，会细分为几个附属部分，比如影视 IP 分化为文学 IP、玩具 IP 和服装 IP 等，这种做法虽然是在挖掘 IP 的价值，但是因为分层太多，导致了商品价格直线上升，如果是实体产品还好说，但是对 IP 这种本来就很虚拟化的产品来说，这种人为的增值和加价并不利于 IP 的广泛传播。

良好的 IP 运营应当是通过企业或者个人去推动，只是有经验的企业和个人不多，这就需要既具备经验又具备资质的 IP 授权公司，在 IP 投放市场之前，对其进行精准的定位，最大限度地减少 IP 的交易频率，实现 IP 利润的最大化。

现在在深圳已经出现了 IP 授权的平台，他们通过精准的 IP 授权让 IP 的生产和消费更加科学化、合理化，能够更有效地把握粉丝的需求，并通过专业的数据分析掌握粉丝的心理动态，了解 IP 针对的受众群体的整体特征，从而在 IP 生产和授权的过程中避免信息不对称造成的资源浪费。

过去，IP 在传统模式中运营，存在着很大的误区，就是一个 IP 的创造者需要将图书、动漫、游戏、影视等不同形态的 IP 统一授权给一家公司来运营，然而一般的情况是这家公司只会专门对某一个形态的 IP 进行开发挖掘，而其他形态的 IP 只能暂时搁置，这让 IP 的创造者等待 IP 变现的时间变长，也让 IP 投放到粉丝群体中的时间过长，增加了变现和推广的风险，更重要的是对其他形态的 IP 开发潜力造成了浪费，难以实现高效高速和高回报的市场收益，如果操作不当，还可能引发危机。

在 IP 授权的规则完善之后，每一个 IP 的创造者都能将不同形态的 IP 分别授权给不同的 IP 需求对象，通过 IP 授权平台获得收益，保障了 IP 收益的最大化和开发利用的最大化，由此开拓出的全新 IP 市场，会让创造者和持有者受益终身。

一个好 IP 只有和一个好授权绑定在一起，才能打造出最强 IP 的市场价值。这需要细化 IP 授权，对 IP 从生产端进行质量把控和精确定位，通过选择有实力和专业化的授权平台，和市场上各种终端相连，快速找到收购者，进行深度的管理和运营，并对既有受众和粉丝进行价值深耕。

如今已经是泛娱乐化时代，如何巧妙运营 IP，是下一个时期文化产业发展的核心，会有越来越多的人赢在这个环节上，也会有人输在这个环节上。而处于运营核心的 IP 授权问题将成为影响整个 IP 市场的焦点。

在对 IP 实施精准生产的前提下，创造出一个连接 IP 创造者和收购者的桥梁，通过深度经营粉丝群体去开发一个潜力巨大的消费市场，如

果运用得法，任何一个 IP 都能创造出像迪士尼那样的光卖裙子就营收 4 亿美元的奇迹。

5. 好故事讲出最强 IP

现在行业里流传一句话叫"不拿个 IP 心里都不踏实"，的确，这几年的 IP 热依然在延续，但由于 IP 价格过高，让很多公司还是将精力放在了原创内容上。一位导演曾经说过这样一句话："IP 不是我们选剧本的首要标准，最重要的还是故事。"

由鞠觉亮执导的古装武侠巨制《新萧十一郎》，被称为是"世纪大 IP"，被人认为是老酒新瓶装，但还是受到了不少受众的关注。尽管 IP 剧一直被热捧，但是业界认为，IP 虽多，可是真的能够大热且盈利的终归太少。

影视剧的 IP 市场确有跟风的趋势，然而对于另类作品的寻找还是不少人关注的。有人认为影视剧常见的"悬疑、情感、伦理"并非是国产剧的主要类型。事实上，观众早就不喜欢这种生硬的标签，而是喜欢看到的作品能够超凡脱俗，需要的是不一样的品位。比如，一般国产的悬疑剧总会和阴暗压抑相关联，让一部分受众流失。但是也有人敢于创新，像《穿越谜团》这种片子，被主创人员称为"阳光下的罪恶"，整体的风格和视觉效果都是比较温暖的，非哥特式的，因此看过之后不会觉得很阴冷，这就是好故事的重要性。

只有 IP 存在一个好故事，才能让人有不同的观剧体验，类似日剧的风格，在柔美的画风和剧情之下有一种不安感存在。

不管是大 IP 还是小 IP，还是原创，最终比拼的都是故事。区别在于，成熟的 IP 经过了市场的检验，而原创的 IP 存在着一定的风险，另外 IP 在不同形态之下的转换也需要二次加工的过程，比如怎样将文学类的 IP 转化为影视语言的 IP，这其中就涉及了删改添加以及怎样表现的问题。

在当下流行的各种大 IP 中，文学和影视率先发力，相对而言，动漫和游戏却成为了弱项，不过最终反映的还是 IP 的核心竞争力——原创。

国内 IP 改编的种类可以分为四大类：文学类、动漫类、游戏类和影视类。在这些 IP 中，文学和影视为何最火爆，而动漫和游戏却拖了后腿呢？道理很简单，是文学和影视本身容易讲出一个好故事，而动漫和游戏相对而言要差一些，这不是创作能力的问题，这是表达方式的问题。这个看看《熊出没》《喜羊羊和灰太狼》等国产原创动漫就能发现问题所在，从而导致这两大类别的 IP 市场占有率的不足。

国外的 IP 很多从动漫起家，经过一段时间的发展已经成为媒体网络、主题乐园、影视娱乐、周边产品和互动娱乐五大业务板块。以迪士尼为例，它独有的 IP 和完整的授权产业链，为自身创造了源源不断的财富。然而最关键的还是迪士尼的 IP 创造能力和挖掘能力，也就是它讲故事的能力，这才真正构成了它产业链的动力核心。

相比于国外，国内的 IP 创造者们，没有意识到 IP 的核心竞争力是原创，导致了四大 IP 类别中整体讲故事能力的普遍不足，而动漫和游戏则成为了重灾区：质量不过关，网络化布局不全面，体系化未形成。

我们总在谈论 IP 的生命周期，其实真正强大的 IP，生命周期是可以不断延续的，这在国外的很多超级 IP 上已经可以看到，但是到了国内，我们的 IP 开发却更多是只做一时，而不想长期利用。就拿漫威出品的蜘蛛侠、钢铁侠、绿巨人和金刚狼，已经流传了很长时间，到现在为止没有人会认为他们的生命周期接近结束，相反还有延长的可能。从 2008 年开始，漫威决定不再将 IP 卖给好莱坞，而是自己拍摄电影，于是出现了《钢铁侠》《雷神》等 11 部超级英雄电影，全球票房累计达到了 83 亿美元。

众所周知，钢铁侠诞生在 1963 年，经过 50 多年的时间，围绕钢铁侠的人物形象一直活跃在银幕上，在不同的领域反复进行开发，成为漫威作品中能不断挖掘出商业价值的经典案例。

目前，全球前50大卖座影片中，至少有一半的作品属于"续集片"或"系列片"。对电影公司来说，续集片是最为保险的投资，这种变相的"新瓶装旧酒"策略，恰恰和IP的故事核心保持一致，因为系列和续集都是围绕着最初那个最成功的故事核。这种故事核经过长期的表述，变成了粉丝心中的情感符号，深入到受众的潜意识当中，引发了强烈的情感共振。

反观日本的动漫IP，也是生命力极强的，比如《哆啦A梦》《蜡笔小新》等都有几十岁的年龄，**它们被不断改编成为TV版动画、剧场版以及电影版以及其他各种衍生品，它们之所以能够流传许久，也是因为它们构建了一个好故事。**

一个好故事包含着什么呢？人物，冲突和事件。以《哆啦A梦》为例，人物就是大雄和哆啦A梦，冲突就是哆啦A梦使用宝物后和现实世界的冲突，事件就是围绕主要人物和宝物的事件。只要具备这三个点，就能不断延续这个超级大IP，因为你需要改变的仅仅是不同的宝物和事件的细节而已。

虽然现在中国的互联网三巨头——"BAT"（Baidu - Alibaba - Tencent，中国三个互联网公司：百度公司、阿里巴巴公司、腾讯公司的英文首字母大写的联读）在不断涉足游戏、影视、文学等领域，试图打造泛娱乐全产业链生态圈，然而能够让粉丝满意的作品并不多。抛开IP需要孵化时间这个客观因素之外，最重要的还是缺少了精彩的故事、鲜明的人物和激烈的冲突，其中以故事作为IP的核心内容。

IP故事的核心在于，必须时刻关注内容的跨媒体转换和跨文化传播，目的就是能够在不同的IP形态下获得生存，这样才能完成一个最强IP的构建，形成"故事驱动力"。那么，**到底什么是最强IP，有人认为必须具备三个因素：第一个是新；第二个是高；第三个是体量大。也就**

是说故事要创新，点击量和粉丝忠诚度要高，能够不断满足周边衍生品开发的需求。

从这个定义上看，很多网络文学只能叫最强故事，不能叫作最强 IP，只有最强故事和一流制作团队相互作用时，才会完成从最强故事到最强 IP 的转变，这恰恰反映了一个现实：很多 IP 的前身是一个好故事，没有好故事就无法诞生好 IP。

我们生活的互联网时代本身就是一种叙事，比如我们的 QQ 签名、微信主页简介、朋友圈的信息……这些都是叙事性的表现。互联网时代的特征决定了我们叙事方式的多样性，也决定了最强 IP 往往离不开最强故事的属性，文学 IP 需要故事，企业 IP 也需要故事，自媒体 IP 同样需要故事。没有一个好故事，就没有一个热心倾听你的粉丝，IP 价值也无从谈起。

6. 泪崩的情怀，亲民的 IP

一个能满足受众情感需求的 IP，必定是一个亲民的 IP，而亲民的关键就是如何打好情怀这张牌。

在 2014 年的时候，IP 在市场上被看成钱，只要能喊出名字的日本动漫 IP 基本上都被卖走，美漫更夸张，一个 IP 被拆分成几个 IP 出售，只要 IP 有说得过去的号召力就能赚到钱。一时间 IP 市场繁荣异常。然而到了 2015 年，IP 又多了一个附加属性——情怀。

最开始玩弄"情怀"这个词的应该是锤子手机的创始人罗永浩，他声称做手机要有一种工匠精神，也宣布要做中国最有情怀的手机，然而后续的发展并不好，以至于"情怀"被当成一个"时髦"的词汇。

在罗永浩之后，游戏圈里也开始炒作这个词，卡普空不断推出《最终幻想》系列移动平台版，仙剑古剑也变换手段登陆手机……表面上没有宣扬情怀，可走的就是情怀的路数，显然是想通过这个词去消费粉丝们的感情。

既然情怀如此有市场，那么到底怎么玩才能玩不坏？

先看看失败的案例，以著名的网络端游《仙剑》为例，这款游戏最早发行于 1995 年 7 月，历时 20 多年的时间，不少玩家从少男少女步入中年，其中逍遥灵儿月如的故事也让不少粉丝为之动容，称得上是国内游戏 IP 的情怀代表。然而后续推出的《仙剑》却让人失望，无论是腾讯代理的《仙剑奇侠传》手游，还是中手游强推的《新仙剑奇侠传》，都让粉丝失望。显然，单靠单机时代模拟经营 + 泡妞多结局 + 野外探险解密的一锅粥乱炖，并不能真正抓住粉丝的心。

2011 年，《仙剑奇侠传五》推出之后，网络上的反应还是很平和的，毕竟这是对沉寂多年的国产单机游戏市场来说是突破，然而事实证明，《仙剑奇侠传五》没有挽救低迷的国产单机游戏市场，反而由于渣画质和烂剧情备受吐槽，让不少粉丝心灰意冷。

一再利用粉丝的情怀做营销卖点，这不是错，错的是将情怀当成内容，这就是对情怀这个词汇本身的误读。情怀是融入 IP 内容中的情感元素，绝非实打实的构成内容，毕竟情感层面的东西都是虚无缥缈的，需要强大的内容支撑才有生根发芽的空间。

那么，究竟怎样才能正确"卖弄"情怀呢？

单纯通过回忆的办法去笼络粉丝是不现实的，这就好比十年不见的老朋友，一见面就拿过去的感情说事儿然后借钱一样，你不知道这十年间朋友的变化，更不可能知道你在对方心目中的地位如何。而且，**回忆本身会美化一些东西，一旦过了新鲜劲儿很快就会厌倦**。

作为同样老字辈的国产网络端游，《梦幻西游》一直运营得比较成功，同样是一个游戏大 IP，同样融入了情怀因素，为何《梦幻西游》获得成功了？主要是基于三个因素。

第一，IP 孵化时间长。

《梦幻西游》用了两年的时间创作完成，不是几个月的速成品，自然能受到玩家的另眼看待。如今不少国产游戏都是打着"情怀"的名义卖游戏，在不少网络社区和论坛上发表一些让人泪崩的文章，去引发玩家的共鸣，然而这种做法过于简单粗暴并且有道德绑架的倾向，当然更要命的是，这种打法体现出了内容提供商的江郎才尽，他们面对时代的变化和玩家的成长拿不出与时俱进的营销策略，只能通过透支粉丝对 IP 的忠诚度去炒冷饭。

粉丝不是对贩卖情怀反感，而是对只能贩卖情怀的做法反感。 IP 内容做的用心，情怀随你怎么玩，但是内容做得垃圾，只能对你抱以鄙视。

第二，持续对 IP 的创新。

《梦幻西游》没有吃老本，而是在内容开发的同时不断进行创新，总结端游的成功经验，丰富游戏内容，不断吸引更多的玩家加入到粉丝队伍中。要知道情怀不是孤立存在的，它是由内容而产生的，而内容注定要受到时代因素的制约，虽然不至于遭到淘汰，但也要跟上时代的节奏和脉搏才更有号召力。只有把 IP 的内容做强做大，才能给 IP 的情怀创造卖弄的空间。

从 2014 年到 2015 年，IP 从价值变成了情怀的代名词，这确实体现了市场开始追求更高的精神需求。人生而有情怀，每一个 IP 创造者如果能够对 IP 有感情有代入，那么卖弄情怀的行为并不可耻。

IP 的火爆确实给中国文化产业注入了强心剂，然而推动 IP 的到底是什么？**依托媒介技术的进步，文化产品之间相互融合，以及成为下一个阶段操纵粉丝经济的关键，以文学、动漫、影视和游戏为主的四大 IP 市场，会构建出一个更为庞大的泛娱乐产业生态圈，围绕这个产业生态圈的外墙就是群体性的情怀。**

拿《愤怒的小鸟》来说，仅仅依靠几只具有不同功能的小鸟和绿猪就创造了两天内破亿的成绩。这个游戏 IP 改编成电影之后，延续了 IP

情怀，一群爱好和平生活的小鸟维护家园安全的故事，这难道不是戳中广大受众"平淡是真"的生活原则吗？郭敬明的《小时代》也是如此，它所卖弄的情怀是疯狂的青春，这其中包括创业、恋爱和理想等多个小情怀因素，让青春爱情类电影成为国内市场的一大掘金主力。尽管出现了一些打群架、堕胎等相对负面的故事内容，还是让粉丝看了第一部想看第二部。

IP 的情怀不局限于 IP 的内容，也包含着 IP 的创造者，比如《小时代》消费的本质是郭敬明，他的《梦里花落知多少》和《幻城》让不少"80 后""90 后"甚至"00 后"的青春注入了不可分割的体验和回忆。

最有意思的当属《魔兽》电影，这部席卷世界的大片在北美票房惨败，却在中国市场票房大卖，走的就是情怀＋IP 的成功案例。当时《魔兽》在美国上映的前 5 天票房，只达到了 2 440 万美元，甚至到了第二个周末降幅达到了 73%。上映两周时，《魔兽》在全球入账 3.776 亿美元，中国观众就贡献了 2 亿多美元。这其中的情怀就是三个字母：WOW。

从 2004 年发行以来，魔兽系列游戏已经吸引了 1 亿多玩家——创造了角色扮演计算机游戏的纪录。在目前统计的 500 万活跃用户中，至少有 50% 属于中国，它所承载的情怀实质，是众多玩家青春岁月的缩影。也许没有多少正能量，却是玩家心中无可替代的 IP 符号。

现在一些更具年轻、自由和开放的网生综艺节目，已经将情怀当成了综艺节目创新的前沿理念，他们意识到了经典 IP 开发的高效回报，比如《王牌对王牌》，采用两大 IP——两支"经典王牌团队"同台竞技的形式，同时将《奔跑吧兄弟》《武林外传》《卧虎藏龙》等优质 IP 一并收入节目中，这些 IP 玩的就是情怀，它们装载了一代甚至几代人的记忆和情感。因此，每一期节目都会注入一些情感因素，如兄弟情、姐妹情等，目的就是挖掘这些经典 IP 背后的故事，使之成为观众记忆中的立体符号。

　　无论受众的年龄发生何种变化，情怀对他们来说始终具有杀伤力，而最高端的玩法就是超脱于年龄、身份等客观条件之外，让 IP 情怀在不同层次的人群中引发共鸣，从而满足全体受众的情感需求。

第七章

粉丝效应，IP 养成法则

1. 找准有效目标，生成"定制IP"

经营 IP 是一件有难度的事情，不仅需要打造优质的内容，更要精准地实施投放，整个环节中处处需要套路，如果想要实现 IP 价值的最大化，定制IP 是一个上佳的出路。有专业人士预言，未来可能会出现专门定制 IP 的服务，比如你想定制一个"国民媳妇"为标签的个人IP，就会有团队对某个包装对象进行量身打造的 IP 化。

定制 IP 并不是凭空臆想，是 IP 时代下市场的需求决定的。在 IP 出现之前，定制产品已经走入市场，这种精准化的商业模式可以避免IP 运营者们走弯路。

2015 年，腾讯互娱动漫在中国国际数码互动娱乐展览会（China Joy）的 IP 大会上，发表了一篇名为《共创 IP 商业价值》的演讲，呼吁多产业一起开发 IP，以做大 IP 构建版权生态，通过多商业模式的手段增加 IP 的价值，实现 IP 的多元开发。正是在这次大会上，腾讯甩出了一个很具前沿理念的词汇——定制 IP。

　　显然，这是中国动漫 IP 领域第一次提到了定制 IP 的概念。那么，到底什么是 IP 定制呢？从字面的意义来看，定制 IP 是一种开放的 IP 经营战略思维，如果放在动漫领域，就是指 IP 的创作者不仅自己制作 IP 内容，而且可以根据客户和市场的需求定制出一个有针对受众群体的 IP。

　　定制 IP 显然更适合企业或者有强大原创能力的个人，因为这需要有优质的内容为坚强的基础，以腾讯动漫为例，拥有数百人的专业编辑团队和内最大网络动漫平台的架构，能够让腾讯在第一时间内了解和收集用户的信息和需求，为定制 IP 做稳固的后盾。为此，腾讯推出了《穿越火线》游戏和动漫 IP《中国惊奇先生》作为成功案例，其中《中国惊奇先生》的点击量高达 1.5 亿次。

　　当然，腾讯目前作出的最成功的定制动漫 IP 要属《勇者大冒险》，目前这部动画的播放量超过了 1 亿次。从 2015 年开始，腾讯互娱努力在各个层面对《勇者大冒险》进行推广，通过强大的营销手段，让《勇者大冒险》成为了腾讯第一个泛娱乐 IP 打造模式的经典战例，实现了囊括文学 IP、游戏 IP 和动漫 IP 等多个领域齐头并进。

　　那么，对《勇者大冒险》的 IP 定制化如何来解析呢？这部动画和很多作品不同，它不是通过某一部文学 IP 或者影视 IP 改编的，而是由《盗墓笔记》的作者南派三叔提供了一个宏大的世界观架构，然而这也不能算是南派三叔的个人 IP，因为只有一个世界观是不能撑起全部 IP 的内容，只是在世界观的引导下一步步开发出符合当下市场需求的 IP 内容。为此，《勇者大冒险》开发出了端游和手游，然而和一般的游戏 IP 相比并不同，因为它不是遵循手游到网游到单机游戏的转化过程，是脱离于各类 IP 改编和跨界的案例。外界正是通过《勇者大冒险》的定制 IP 内容，才逐渐了解到其内部包罗万象的世界观、人物和故事等，恰恰体现出定制 IP 的强大市场适应力和生存力。

　　定制 IP 的一个好处在于，它能够精确 IP 内容中的人物形象，这点

对文学、影视、游戏和动漫四大 IP 市场来说是通用的法则，因为定制 IP 的人物塑造要超过于文学 IP，毕竟文学 IP 更是根植于原作者的世界观，而非对市场上受众需求的考察。

日本动漫中有很多成熟的定制 IP 的例子，比如光荣公司的经典游戏《战国无双》，取材于日本的战国历史，但是光荣公司没有机械地消化这个历史 IP，而是重新对历史和游戏中的人物、情节进行了综合考量，将那些受到市场和粉丝欢迎的元素突出出来，而对那些不易进行照搬照抄的删改。2015 年，光荣公司委托 TYO Animations（即东京动画）和手冢 Production 两家动画制作公司，同时上线了动画版战国无双，市场反响巨大。

还有一个经典的例子是《樱花大战》。这本来是一部场面和规模宏大的爱情类机甲战棋游戏，尽管从某种程度上看它还不是一个独立存在的动漫 IP，然而主创公司还是对它进行了情节上的补充，这样做的目的是为了完善游戏的观念，聚合粉丝。

在日本的动漫界，这种定制 IP 的现象十分常见，因为他们看到了对 IP 的主动创作有利于进一步的市场推广，将定制变成为 IP 变现的有效工具，是顺应市场和经济发展规律的表现。

现在，中国 IP 市场越来越火爆，定制 IP 也会被更多的人关注和尝试，这一类产业的发展前景也十分可观，特别是对动漫 IP 和游戏 IP 来说，**想要在瞬息万变的市场环境中生存下来，想要在受众面庞大的群体中有口皆碑，闭门造车是错误的，精准定制才是明智之举。**

现在国内的 IP 市场还处于起步阶段，很多有关 IP 的概念和方法论都不成熟，资本市场对回报的短视和饥渴，也造成了 IP 项目的急功近利，而定制 IP 就是一个不需要太长时间孵化的运营策略，只要前期做好充足的准备，就能产出符合市场高要求的 IP 内容，这不仅是一种对 IP 的创新，也是对市场经济运行的良性推动。

相比于时下游戏界流行的"换皮"策略，**定制 IP 是对粉丝的最大**

诚意，它会能摸准粉丝的脉搏，而不是采取消费粉丝忠诚度的方式玩概念，透支粉丝对 IP 的信任度。目前在中国的游戏 IP 领域，不能真心面对玩家需求的粗制滥造实在太多，很多 IP 的运营者似乎不明一个道理：无论 IP 如何跨界都不能和它的品质脱节。从这个角度看，定制 IP 就是保证品质和外皮紧密结合的黏着体。

唐家三少的《天火大道》，也是一个定制 IP 的成功案例，这部小说中的设定非常详细，从最基础的阵营和人物设定以及世界地图、魔法体系等，简直到了精细刻画的程度。在小说刚开始连载的时候，游戏厂商就谈好了《天火大道》的合作，因此唐家三少为这个世界的构建和细化，自然考虑到了未来游戏的开发。

在泛娱乐化的新时代，IP 定制成为一种不可抗拒的潮流，过去是游戏配合 IP，现在是 IP 配合游戏，这种颠覆性的逆转，都是对市场规律的致敬。过去，IP 的定制只是涉及了文学 IP 的题材，而且是由内容提供商和创作方协商而定，现在，定制 IP 更多地从现实落地的角度出发，力求 IP 内容为日后的 IP 跨界留有改造的空间，从而减少资源和时间的浪费。

最近，有一个名叫"雷天互动"的公司，对外宣布了一个有关定制 IP 的"鹰巢计划"，声称他们的范围扩大到了小说、漫画、音乐影视等多个领域，并对定制的内容不收任何费用。当然，这背后暗藏的商业手段我们不必深究，不过可以肯定的是，定制 IP 不再是一种停留在商业规划蓝图中的构想，而是未来 IP 市场的大势所趋。

2. 不商业化的 IP 不是好 IP

虽然 IP 的概念范围可以根据情境无限拓展，但是从本质上看，IP 代表的是一种文化符号，所以它需要进行商业化才能为持有者带来市场回报率，才能赢得更广泛的受众群体。

现在流行一个词汇叫作"IP商业"，也就是将IP当成是商业化的行为，而不是停留在文化层面的。将IP运用在商业中，并非仅仅是将IP当成知识产权，可以将IP当成一个完整的故事、概念和形象。一个好IP能够延伸到很多领域，比如音乐、戏剧、电影、电视、动漫、游戏等。

IP的商业化在国内经历了三个阶段。

第一阶段是探索阶段。在这个时期IP主要集中在影视和文学领域之间的相互授权，或是文学改编为影视，或是影视改编为文学，属于粗放型经济，市场发育不完全，但是IP的价值得到了认可，不少天价的改编权正是诞生于这个阶段。

第二阶段是整合阶段。在这个时期，市场对IP有了更清醒的认识，IP也开始回归本质的价值属性，人们对IP的追逐也显得理性，一些专业操作IP的团队也逐步诞生。

第三阶段是成长阶段。这个时期变化的不是IP本身，而是中国文化娱乐产业的飞速发展，对IP有着更强烈的市场需求，促进了IP的高速发展。

现在的IP市场还没有真正走向成熟，只是趋向成熟。在这个过渡阶段，如何对IP进行商业化显得尤为重要。

2015年中国GDP总量达到10 385.66美元，屈居于美国之下位列世界第二，人民生活水平有了一定提高，同时互联网的应用和发展让平台更具有开放性，不少IP的创作者诞生，而关联IP的周边产品和产业也迅速发展。

现在，**传统的商业交易逻辑已经不能够适应互联网时代下的市场规律，在消费者精神需求日益增长的前提下，任何一笔交易都需要有场景作为铺垫**。所谓场景，可以理解为一个能够诱导用户消费的消费环境，然而在受众群体粉丝的今天，想要创造一个客流量庞大的场景并非易事，而商业化的 IP 则是一个最佳的场景工具。从这个角度看，属于 IP 时代真正到来。

虽然我们强调 IP 要进行商业化，但并不意味着 IP 取代了传统的商业模式，商业化的 IP 只是一个思维产物，或者说是一种思维工具，它代表的是新市场环境下的商业哲学。这包含着 IP 的定位、IP 的运营和 IP 的投放等多个层面。只有基于大数据分析对 IP 的受众群体进行目标锁定，将项目进行人性化过滤，采用社群式的推广方式深耕用户，从而打造出一个最强 IP。

传统商业可以简单理解为一个消费场所，不具有太强的招商引资的能力，处于被动出售的状态，**而 IP 则是一个温馨的消费环境，从营销学角度看偏向"软广"，因为这其中掺杂了用户的情感需求。正是 IP 的软性特征，才让传统的商业模式显得更"硬"，才能让 IP 市场呈现出爆发式的增长速度。**

商业化的 IP，并非是指所有的 IP 都可以商业化，有些 IP 的培育空间十分有限。以文化 IP 领域为例，动漫和游戏类的 IP 更容易实现跨界和嫁接，而艺术类的 IP 比如美术和戏剧，更容易实现线下的购买转化。也就是说，每一个 IP 都有自身的特点，要根据它的属性进行商业化，而不是套用一个固定的模式，像动漫、游戏和影视类的 IP，往往最容易给持有者带来变现收益。

在不同的城市中，人们对 IP 的接纳程度和偏好也不同。在北京、上海这样的一线城市，他们对 IP 商业的接受程度最高；且更多关注的是文化类的 IP，而在二线城市中，个人 IP 的号召力有很强大，人们对网红和自媒体类的 IP 比较追捧。

那么，如何将 IP 的商业化顺利推动呢？对于实体商业来说，如果 IP 不能变现就成了空泛的概念，它需要合理有效地进行操作。一般说来，**IP 的商业化分为生命周期中的定位、招商和运营三个过程。**

在商业定位这个环节中，首先要搞清 IP 要建立一个自主性的 IP，这样才能在商业活动中成为话题，也就是人们常说的人格化演绎，同时还要具备视觉冲击力，可以带来持续和巨大的流量和变现。比如，上海大悦城曾经利用《魔兽》进行 IP 展，将受众目标定位为 25～35 岁的年轻人，通过阐述"浪漫和时尚"的主题生成文化内容，客流带动同比增长 143.7%。

在利用 IP 招商的环节中，IP 的主要作用是创建一个话题，只有话题才能实现商业的跨界和粉丝情感的连接。比如上海同道大叔咖啡店的开业，将网络上的海量粉丝进行变现，就是 IP 应用在商业招商的典型案例。

无论怎样进行 IP 的商业化，都要明确一个主旨：**IP 的作用是引领潮流，目的是提升形象和客流以及增强粉丝的忠诚度。**上海曾经搞过一个以印象派大师莫奈为主题的 IP 展，起到了一个很强的人格化形象定位，带动了一股文艺风潮，客流带动同比增长 150%，这种将莫奈的 IP 粉丝转变为流量的做法，不是在细化 IP 内容，而是带动 IP 的消费倾向，形成一种商业化的潮流，自然会起到增强粉丝黏性的作用。

在 IP 商业化的过程中，一定要提防几个容易犯的错误。

第一，不能只利用 IP 的符号价值而抛弃核心价值。

如果你买下了米老鼠的 IP 形象去做服饰，却没有在服饰加工、宣传推广中植入米老鼠的故事梗概和角色形象，这种 IP 的商业化会苍白无力，难以造成持续性的变现盈利，甚至可能会引发粉丝的不满和厌恶，最终失去流量和市场。

第二，个人 IP 难以产生粉丝共鸣，需要谨慎甄别。

有些 IP 缺乏市场的检验，粉丝忠诚度不高，一旦让他们掏钱消费很可能粉转路。这主要体现在一些直播平台的中小网红身上，他们通过炒噱头、低级趣味吸引了一批粉丝，然而粉丝来看他们并非代表喜欢和认可他们，说的粗俗些是抱着看要猴的心态，这种 IP 和粉丝之间毫无情感联系可言。

第三，流行 IP 是伪 IP，不具备生命力，容易中途夭折。

IP 是需要市场和时间来检验的，二者缺一不可，瞬间爆炸出现的 IP 都面临着生命周期的考验，比如曾经火爆网络的"蓝瘦香菇"这种 IP 只能算是流行 IP，短时间内有商业价值，时间一长消费者很容易遗忘，因为它没有加入情感元素，没有和粉丝之间产生深度连接。

虽然 IP 的商业化是一种趋势，但对处于过渡阶段的国内 IP 市场来说，这个过程难免会遭遇种种陷阱，投资者稍有不慎就会掉进去。毕竟成熟的 IP 是稀罕之物，未来的 IP 市场很可能面临资源枯竭的状况，所以尽早地对现有 IP 进行商业化才是出路。IP 的成长具有周期性，IP 的粉丝也在变化和迁移，只有将 IP 尽早植入消费环境中，才能持续创造话题，带动 IP 的口碑传递进而不断吸引新的消费者加入。

未来的 IP 市场会越来越成熟，能够创造消费环境的 IP 和泛娱乐化的 IP 会成为主流，也更容易进行商业化，而它们最大的优势就是增强用户的体验、完成 IP 和粉丝的互动闭环，推动一个原创 IP 朝着最强 IP 演进。

3. 从粉丝身上挖掘 IP 的模板

IP 的核心价值是内容，IP 的存在价值是粉丝，那么 IP 如何锁定粉丝呢？仔细分析粉丝群体的需求，可以从中套用出一个模板。

IP 和粉丝的关系十分微妙，并不是有了 IP 就会有粉丝，他们的正确关系是：IP 是粉丝的充分非必要条件，粉丝是 IP 的充分非必要条件。这话听起来有些拗口却反映了 IP 和粉丝的真实关系。通常我们所说的充分条件，是指这个条件能够得出某个结论，然而没有这个条件而具有其他条件的话，也是可以得出某个结论。而必要条件，就是必须具备它才可以得出某个结论。

我们所说的IP和粉丝的关系，就是指如果IP内容够好，粉丝很多，这种会被称为最强IP。比如水浒传、火影忍者，这些都是最强IP，内容好、生命周期长、粉丝数量众多。反过来说，很多受众关注的事物也可以成为IP，比如小黄鸭、大白等等。一句话概括：粉丝多就是强IP，粉丝少就是弱IP。

IP被赋予了内容才具有意义，没有内容的IP不是IP。而且，IP也有适应范围的限定，也就是说一个IP需要有市场容量和市场规模。吴莫愁是个人IP，然而梁博就不是个人IP，因为在他拿了2012年中国好声音的冠军之后，马上去读研究生了，导致他的市场号召力很弱。还有2004年的超女季军张含韵，一战成名后选择了错误的发展道路，结果粉丝骤减。梁博的错误是，他认为只要内容够好就能长青，而张含韵的错误在于不发挥她甜美外形的优势，反而消耗大量时间去弥补自己学历的欠缺。吴莫愁虽然不是冠军，然而她的曝光度和影响力很高。围绕着各色各样的话题，比如说她丑的，说她妖怪的……种种迹象表明，有争议的IP才是好IP，规避争议的IP都不是好IP。

现在我们可以从个人IP的案例中套用出一个模板：**IP不存在好坏之分，只有争议和平庸之分。如果一个IP想要面面俱到、小心谨慎地生存，想照顾到所有受众群体，这个IP就陷入常态化和平庸化的泥淖中，无法被更多的受众感知到，或者仅仅感知到一点就稍纵即逝。**能被粉丝关注的IP，是能够化无形为有形的IP，而不是化有形于无形。从这个角度看，IP必须要有存在感，这个存在感是从属于粉丝的。

当然，没有哪个IP是生来自带粉丝的，在《穿越火线》诞生时，粉丝必定是零，只有玩的人多了，听说的人多了，才有了一个庞大的粉丝群体。但是，你不能把没有粉丝的这个过程当作必然，比如《神之浩劫》《逗比联盟》刚诞生的时候也是没有粉丝，然而过了一段时间之后粉丝仍然寥寥无几，这就证明它存在着内容、营销等方面的致命错误，没有在粉丝心中刷出存在感。

虽然我们强调 IP 刷存在感的重要，但这不是让你忽视 IP 的内容打造，内容一定要有的，但是你要将你的 IP 在粉丝的视线里随时曝光，曝光之后才轮到推广内容。那么，存在感如何去刷呢？你必须要了解粉丝的关注点。

以动漫 IP 为例，什么样的作品能吸引动漫迷观看呢？我们不妨看看以下几个例子。

日本动漫很火爆，是因为他们的主角设定通常是一个心地善良的好人，没有什么特别的个性，可以看成是白开水一样的人物，然而它们的配角却十分有个性，有的是"高冷傲娇"，有的是"神经大条"，这就符合了剧本创作中的一条规律：主角的个性是要通过配角来实现的。这也让更多的动漫迷得到了观看和思考的快感，这种模式也被称为"1 + N"。

美国动漫同样席卷全球，那么它们所满足的粉丝需求是另外一种元素：个人英雄主义。无论是漫威还是 DC 这样的漫画界龙头，它们创造的人物都有血有肉，当然反派通常也个性鲜明，不过除此之外的其他配角，大多都是一些"酱油"，该死就马上死掉，作者绝不会同情它们，大不了重新再上一个替补。这种模式可以看成"1 × N"的模式，即配角越多，越能体现出主角的"高大上"。

动漫 IP 正是凭借各自的铁律，构建了一套创造人物、编制剧情的套路，而这些套路恰恰是能戳中粉丝爽点的，粉丝关注了自然就有了存在感。当然，无论是日本动漫还是美国动漫，他们都会植入一些争议性的内容，比如争议的人物，争议的主题和争议的剧情，这么做的目的就是为了在粉丝中引爆话题，有话题才能确保 IP 不死。

存在感由话题决定，话题由内容决定，虽然归根到底还是以内容为本，但也恰恰反映了 IP 的内容是有构建方向的，不能单纯以优质和创意来决定，任何一个 IP 的原创者，都要在创建 IP 之始就思考这个问题：如何以内容为抓手引起粉丝的关注。

其实，IP 的刷存在感，本质上是对粉丝经济的致敬。粉丝经济是指构建在在粉丝和被关注者关系之上的经营性创收行为。从这个定义就可以看出，IP的粉丝模板，就是如何撬动粉丝经济的杠杆，杠杆活动了，整个市场才能流动，IP才能快速变现并生成衍生品。

不同年龄段的粉丝，他们的关注点也是不同的，面对"70后"和"80后"，你可以通过炒作情怀创建争议性话题去刷存在感；对于"90后"和"00后"，你可以通过展开新旧传统观念的冲突刷存在感；对于经济欠发达地区的受众人群，你可以通过描述经济发达地区的生活来刷存在感……总之，要在你的IP中植入让粉丝眼前一亮的东西。

花千骨之所一度被热炒，就在于它的存在感很强。且不说它的粉丝有多少，就是在影视剧中附加的明星价值，就能够带动各种话题，有话题就有了热搜量，关注度会直线上升，这种存在感已经不再局限于粉丝群体，对非粉丝群体的孵化也十分有益处。

很多热门IP，本身已经有了死忠粉，那么接下来要做的就是如何深挖粉丝价值，这时候更需要创造话题。有了话题，IP就加强了和粉丝之间的联系纽带，也就有了深厚的市场基础。

4. 巴菲特如何玩转IP

互联网时代，粉丝经济的基础依托于优质的IP，这个IP要有令人倾倒的特征，也就是粉丝甘愿为其买单。因此，一切能够吸引粉丝产生关注或者直接、间接经济效益的资源，从广义上看都从属于IP的概念。那么问题来了，IP到底存不存在过时的概念？当IP的内容和时代感有差异时，粉丝会不会因此弃之不理呢？

股神巴菲特无人不知，他除了拥有能力、财富和地位之外，人们习惯将他看成一个比较古板的代表，从个人IP的角度看，巴菲特称得上是**一个大IP，但是从巴菲特的年龄和经历来看，他似乎又和互联网时代的**

原住网民有很大不同，然而让人称奇的是，就是这样一个老古董似的个人 IP，一样在互联网时代玩的有滋有味。

巴菲特身为投资理财大师，不是那种一夜蹿红的幸运儿，他从 20 世纪 60 年代开始，从收购濒临破产的伯克希尔公司作为起家的发端，到目前为止他所持有的伯克希尔公司市值飙升了 1.8 万倍，每股约合 215 800 美元，号称是全球第一贵股。从 1986 年巴菲特第一次进入福布斯富豪排行榜前十名开始，人们便将他称之为"股神"，当然巴菲特也喜欢这个称谓的。2008 年，巴菲特位居福布斯财富排行榜首位，超越比尔·盖茨成为世界首富。

当然，如此多的粉丝崇拜巴菲特，并不单纯是因为他的财富，而是因为他创造出的巴菲特定律。不少人将这个定律当成投资领域的圣经，指引无数投资者迈向成功。然而，巴菲特也是一个玩转 IP 的大咖。从 2000 年开始，巴菲特开始了"巴菲特慈善午餐"的拍卖活动，那时候中国的互联网没有如今这样普及，知道巴菲特和这个活动的人并不多，后来一个中国商人以 211 万美元的价格获得了和巴菲特共进午餐的机会。随着中国互联网的发展，在互联网上掀起了讨论的风潮，人们对巴菲特的关注也越来越高，使之成为了一个国际化的超级个人 IP。到了 2009 年，巴菲特的午餐拍卖到了 168.03 万美元，而在 2010 年达到了 262 万美元，2012 年则升到了 345.68 万美元，一度刷新了纪录，引起了更多社会化媒体和社交网络平台的广泛关注，巴菲特午餐成了一个新 IP。

从"巴菲特午餐"这一 IP 可以看出，虽然他的股神地位和当今的互联网思维没有必然的联系，也和年轻一代的网络受众有代沟上的距离，然而老练的巴菲特绕过了这些障碍，成功将自己和他亲手打造的午餐慈善培养成了世界级的大 IP。显然，巴菲特午餐 IP 并不是单纯依靠巴菲特在股市上的成功，他是一个很具有互联网战略视角的人，从巴菲特午餐诞生的第三年开始，他就将这个慈善活动通过互联网进行推广。

随着时间的推移，巴菲特午餐IP注定显得老套一些，然而他没有让这个IP就此消失。在2015年的巴菲特股东大会上，巴菲特借助这个盛会继续炒作自己的IP。本来，这个股东大会原名叫做伯克希尔·哈撒韦50周年股东大会，然而巴菲特用自己的名字来代称，起到了培养个人IP的作用。从成立的那一天起，巴菲特股东大会就引起了全世界范围内的广泛关注。

2015年5月2日，超过四万人参加了巴菲特股东大会，超过了2014年的参与人数，创下了参会人数记录。这些与会者除了一少部分是巴菲特的合伙人和员工之外，剩下的人都可以看成是他的忠实粉丝。那么，巴菲特如何让粉丝们带着一颗朝圣之心来到奥马哈市的呢？

第一，启用互联网思维。

巴菲特的发家虽然和互联网没有多大联系，但是当互联网时代到来之后，他的敏锐嗅觉让他意识到这是一个很好的商业工具。巴菲特总是通过邀请函和演讲等形式，不断引起全世界的关注，而这正是传统媒介很难做到的，现在通过网络可以在短短的时间内传遍全球，自然提高了他的声望，也扩大了粉丝群体。

更重要的是，巴菲特懂得利用新媒体进行信息传播，在2014年的巴菲特股东大会上，他通过全球网络直播的方式引起了全世界的关注，还用可口可乐的宣传片和"绝望主妇"的小电影，让原本单调的会议变得妙趣横生，而且巴菲特还亲自出场，在一群主妇中间怀抱着小提琴弹唱一曲，整个画面既温馨又幽默，中国的新浪财经等多家网络媒体也参与进来。通过网络直播，巴菲特分析了世界经济形势和投资的现状，并向全球的粉丝"安利"了他的投资哲学。

巴菲特和乔布斯不同，他不是走技术路线，而是创立了很多无形的IP概念，卖午餐和股东大会都是例证。无形IP的好处在于，不受制于产品本身的掣肘，不像乔布斯的苹果系产品，会受到市场环境的波及而发生价值的变化。

第二，加强和粉丝的互动，在互动中寻找商机。

巴菲特股东大会所在的奥马哈，本来是一个并不大的小镇，然而有了巴菲特的存在，俨然让这个大会成为了当地的节假日。很多巴菲特所投资的公司都瞄准这个机会捞金，巴菲特也将自己的物品弄进会场进行慈善拍卖。巴菲特这么做的目的，不单纯是为了赚钱，而是创造和粉丝近距离多角度的接触，让巴菲特这一个人 IP 建立起真实的人格形象，更能增加粉丝对他的好感度和忠诚度。在 2013 年的股东大会上，巴菲特开通推特账号仅仅 3 小时，就吸纳了 14 万的粉丝，可见他对互联网吸粉的重视程度。

在 2014 年的股东大会期间，巴菲特不甘寂寞地走向前台，通过镜头向全世界关注他的人卖萌，甚至做出了咬雪糕、喝可乐、玩棒糖等动作，他还大方地和粉丝们玩自拍，让很多人发现这个"老古董"竟是一个潮人。通过这些互动，巴菲特吸引了更多受众群体的关注，为他背后的公司带来了更多的商机和市值上升的机会。

一个不属于网生代却成为互联网大咖的巴菲特，通过多年经营的个人 IP 和粉丝群体，成功玩透了有关 IP 的经营哲学，证明了一个道理：**没有老 IP 和旧 IP，只有不聪明的 IP 和不懂得变革的 IP**。

5. 话术致胜，IP 怎样留住人心

"粉丝经济"不仅是互联网营销的热词，也是 IP 营销的关键。无论是大 IP 还是小 IP，最终指向的都是粉丝。这就涉及了如何与粉丝互动和沟通的技巧，在互联网时代，这种沟通主要体现在"操控术"上。

所谓的操控术，并非是传销式的洗脑，而是一种良性的诱导和培育。具体到 IP 营销上就是巧妙地抓住粉丝的心理特点和消费欲望。以电视剧 IP 来说，操控术技巧体现在以下三个方面。

第一，要挑起互动的话题。

挑起互动话题，就是让粉丝成为 IP 的孵化者。粉丝群体和普通观众不同，和他们的交流中，一定要把握住最关键的一个点：情感。什么情感？当然是以消费驱动力为核心的情感。这就需要有一种能够让粉丝为电视剧营销的积极心态和动力。简单来说，就是赋予粉丝这样一种责任感，让他们觉得不帮助自己喜爱的电视剧营销就是对不起这个 IP。

互动营销的最大好处，是打开了受众和 IP 相隔的一面墙，像电视剧这种受限于播放平台的 IP 类型，不容易得到互联网时代的种种恩泽，因此必须要让受众和 IP 本身产生化学反应，才能引发爆炸性的效果，才能为 IP 的推广打通门路。

以《花千骨》为例，在它的样片播出之后，不少粉丝开始恶搞起来，让他们尽情地发挥，结果做出来的加工品五花八门，但是没有泼脏水的恶搞，都是一些让人超水准的发挥。这其中涉及的话术就是，很多粉丝被告知可以尽情发挥，让他们觉得自己和 IP 靠得很近，甚至是一家人，这就让他们产生了亲近感，所以制作出来的短片和 MV 都包含着情感元素。于是出现了泰语版、汉语版的《花千骨》片花，每一个加工品都是以花千骨这个大 IP 的内容作为核心，向不了解这个 IP 的受众介绍剧情，产生了一种 UGC + 病毒化的传播，自然就吸引了更多粉丝加入，更多的优秀作品出来，有效地帮助 IP 进行了推广。

像 2016 年被引爆的《锦绣未央》，在筹拍阶段就开始了话术营销，先是推出了唐嫣的定妆照，发布在微博上并迅速上了热搜榜，因为唐嫣的此次形象和以往的不同，于是让不少粉丝眼前一亮，官方借此让粉丝们进行讨论，让粉丝产生一种对偶像和 IP 人物品头论足的快感，自然就多了几分关注，让很多唐嫣的粉丝转化为《锦绣未央》粉丝。这种开放式的互动讨论，能够直接扩大受众群体，产生的宣传效果十分惊人。

这种故意诱使粉丝和受众热议的话术，其实就是增强参与感，让粉丝和粉丝、粉丝和非粉丝之间产生讨论甚至是辩论，会直接提升 IP 的

关注度，让更多的人加入到围观的吃瓜群众当中，不知不觉就成为了该 IP 的目标群体，这是一种变被动为主动的宣传方式，能够让粉丝将他们自己的意愿和剧集的呈现联系到一起，让粉丝不仅扮演着消费者的角色，还增加了他们宣传者和推广者的责任，而粉丝也是乐此不疲、心甘情愿。

第二，让粉丝跨界。

仅仅让粉丝产生参与感是不够的，怎样将 IP 的周边衍生品开发好，实现粉丝和 IP 的深度互动，这才是变现的关键。如今，影视圈里已经看到了 IP 的盈利能力和潜在开发价值，因此都在探索全产业链的开发。某一个电视剧的热播，对整个销售流程都起到了良性的推动。这样一来，IP 的价值获得了进一步的挖掘，让粉丝经济有了变现的新渠道。

《花千骨》在获得电视剧版权之后，又拿下了电影版权和舞台剧版权等多个代理权，这种做法是在实现粉丝的跨界经营，避免了粉丝的重叠，扩大了受众基础，能够最大限度地让粉丝们"八仙过海各显神通"。游戏类的粉丝有论坛、贴吧的阵地，影视类的粉丝也有 QQ 群、微信群的阵地，这种多方位的宣传拓展，都是在粉丝扩大的基础上完成的，而且能够实现高价值的回报，还节约了宣传成本。相比于《花千骨》，《琅琊榜》就没有很好地实现粉丝跨界，只是单纯地在电视剧领域进行推广，低调的做法让他们放弃了整个 IP 产业链的布局，于是在新开发的《琅琊榜》手游上线之后，关注度就不够高，因为他们没有大力培植游戏粉丝。

衍生品的潜力价值可能会超过 IP 本身，而衍生品的根基就是跨界后吸纳的新粉丝，这个环节的工作做不好，会直接影响到 IP 的升值。在美国，通常衍生品的收入会达到电影 IP 的 70% 左右，不容小觑。

以《锦绣未央》为例，在电视剧筹拍期间，就提前做好了衍生品的培育：某些定制的关键道具植入剧情中，这些关键道具将在该剧热播之后成为重要的衍生品流入市场，所带来的收益和潜在回报巨大。这种做法，能够实现电视剧 IP 和衍生品 IP 的良性互动，也能抑制山寨产品的出现，更能将 IP 的内容和延伸价值有机地和粉丝经济融为一体，又从整体上推动 IP 品牌的热度提升。

第三，化精神支持为金钱支持。

中国的互联网消费有一个怪现象，就是很多网民习惯于免费的东西，免费的软件，免费的电子读物，免费的音像制品……尽管现在国家对知识版权的保护越来越完善，但还是有很多渠道获得免费的产品和服务。但是，**不能因为一部分人消费免费的产品就把他们定性为路人，他们未必是真的不舍得掏钱，只是习惯了通过原有的免费渠道获得 IP 内容。**

最近有一个概念很火，叫 T2O，它的英文直译为"TV to Online"，是指电视媒体和电子商务跨界合作，将产品从电视端转移到线上销售的创新性的电子商务商业模式，是电视端践行互联网思维的一种选择。

《何以笙箫默》成功地将 T2O 这个概念推广出去，虽然之前《女神的新衣》《舌尖上的中国 2》《鲁豫的礼物》等电视节目都曾试水 T2O，但是受限于电视剧行业的特性导致被电商拖了后腿。不过《何以笙箫默》却规避了这些短板，制作方通过东方卫视和天猫达成合作，让观众在观看《何以笙箫默》时，仅仅通过机天猫客户端扫描台标就能边看边买的活动，从而购买主演钟汉良和唐嫣在剧中的同款商品。本来，观看电视剧就是免费行为，但是通过引导和培养，可以让粉丝意识到还可以花钱，在足够的忠诚度和消费习惯被建立之后，自然就能带来可观的资金变现，还能进一步提升 IP 的知名度。

当然，T2O 的一个重要原则是将电视剧粉丝和消费者重叠在一起，观看《何以笙箫默》的受众本来就是年轻网民为主，他们已经习惯在淘宝上消费，所以只要稍加诱导就能够实现新的盈利渠道。这就是将免费的产品升级为增值的服务的过程，让不花钱的观众转变为花钱的买家，这种一边观剧一边网购的模式，一样会引发话题。据统计，在《何以笙箫默》"边看边买"页面上线当天，有大约 300 万用户花钱体验，女装商家的页面流量达到了活动前的十倍之多。

粉丝的潜力是巨大，他们对 IP 的潜在贡献等待 IP 的创造者去挖掘，很多时候，并非是粉丝的钱不好赚，而是你没有想到可以这样去赚。

6. 打造属于自己的粉丝

IP 的经营者们，都知道粉丝对 IP 的重要性，然而很多人却走入一个误区当中——认为生成用户就是打造粉丝。或许是经营网络社区、论坛和贴吧受到了影响，将注册用户和粉丝的概念混为一谈。在普通社区打造用户培植一个 IP 的粉丝相比，定义并不相同。

普通社区的用户以功能为主，粉丝经济以情感为主，一个用户无论养成何登陆论坛的习惯，也不能将他看成是某个论坛的粉丝，因为没有经过情感的检验。很多 IP 产品，通常需要拉到一定数量的用户才能完成粉丝的自推广环节，在这个环节中还要不断成话题点，据说 Tfboys（即北京某公司推出的少年偶像组合）酝酿了一年。

在移动互联网时代，粉丝经济带来的回报是可观的，足够的粉丝可以保证一锤子买卖也会有人买账，然而一个问题出现了，概念炒作带来的弊端在短时间内难以分辨，但是对未来的影响可能是巨大的。

用户群多和粉丝多是两个概念，豆瓣和知乎还有百度贴吧的用户都和粉丝没什么关系，它们只是普通话题的聚集群，对这样的网络社区进行营销，成功的概率是不大的，即便有一定收益也不代表着你涨粉了。由于中国原创 IP 很少，而传统文化带来的影响还不如国外文化，如何培植属于自己的粉丝就成为了 IP 开发的关键内容之一。大体来说，分成了三个环节。

第一个环节是建立 IP 内容。

无论对粉丝的定义存在多大的分歧，必定是针对某个固定 IP 用户群来说的，这个 IP 的特点一定会符合粉丝经济的需求，所以作为 IP 需要有被视作 IP 的基础，也就是内容或者产品质量强大。通常，IP 的内容制作是通过产品形象吸引用户，从而建立起产品和用户的关系，当用户体验了产品和服务之后，又会回归到产品本身，这时候留在用户心中的就是产品或服务的最终形象，用户也就转化成了粉丝。

这么看来，IP 的内容十分关键，要具备个性和特色，这样才能吸引用户，也无法让粉丝向非粉丝群体推广。同时内容上没有明显的缺陷，即便有瑕疵，也不是内容和质量层面上的，必须是无伤大雅的。

不同的 IP 和粉丝建立关系的方式不同，游戏 IP 建立关系要通过游戏语言，比如人机互动，个人偶像 IP 建立需要的是演出和线下活动；电影培植粉丝是凭借镜头语言和剧本设计。**粉丝向的产品是在具备了传统品牌产品的部分特征之上更进一步的表现，这是对品牌号召力的精益求精的体现，也是由国内资源分配的具体国情决定的。**

IP 的第一次推广十分关键，也需要 IP 的经营者小心，由于存在着个性化的特征，不建议使用大众化的群体推广，但是核心用户也就是核心粉丝的定位效应要做好，这样才能留住粉丝的心。由此可见，粉丝经济的产品质量要求在短时间内打动粉丝，要针对潜在粉丝聚集的地带进行不间断的营销。

第二个环节是自我推广。

自我推广有别于硬性推广，这和 SNS（Social Networking Services，即社会的网络服务）的病毒式营销有相似之处：假设基础用户群越大，那么自推广的效果会越明显，因此自推广环节正是建立在 IP 质量不断提升而拉动粉丝关注的基础上的。IP 的粉丝通常分为三种：核心粉丝、潜在粉丝和跟风粉丝。

核心粉丝和潜在粉丝被开发出之后，一个 IP 就有能力继续向大众推广传播，通过层级式的模式精细化推广，确保每一级的推广质量和粉丝黏性。这种推广方式，需要 IP 本身具有对潜在粉丝的包容性，比如 Tf-boys 作为小鲜肉团体，拉动的第一批核心用户是正太控阿姨，这一批人定位既准，数量也多而且具备一定的消费能力，那么下一步就是将 Tf-boys 打造在逆境中学习的好学生形象，让同龄人也加入进来。

粉丝的自推广环节，需要在 IP 推广周期的波峰处配合 IP 本身的特色同步进行，这和单纯的病毒式营销不同，是和非粉丝群体完成互动环节进而路转粉的过程。粉丝传播时的方式和单纯的硬广不同，它的核心思想是让非粉丝群体感受到 IP 的诚意和吸引力，这样才能产生对 IP 的推广效应。在这个过程中，IP 必须具备差异化优势。假设是在原有知名度的基础上推广，那么非粉丝群体一定会用现有产品和原来产品进行对比，**如果先入为主的概念看到的都是相似的，那么这个 IP 升值的可能性就很小。**在酝酿阶段需要持续不断推出新话题，拉动潜在粉丝是 IP 推广爆发的高强度弹簧。

第三个环节，IP 的内化和转化。

个人 IP 经常采用微博营销来提升知名度，不过这里会出现一个问题：很多微博的内容是相近的，但是那些运营较好的微博号却经常强调他们对粉丝的价值最为看重，他们会通过了解粉丝目前的需求和关注点来制造话题和引导话题。这时候，粉丝规模的大小和成熟的早晚，都对 IP 本身没有太大影响，而是和话题的质量和讨论话题的热烈度有关。

粉丝经济的用户状态和网络游戏很像，他们会分成几个粉丝群，既存在着交叉也存在着竞争，通常竞争意识是为了拉动粉丝对 IP 的消费需求，但因为国内传统品牌长期被国外同类竞品打压，因此粉丝经济还需要起到传承传统品牌市场的作用，现在很多粉丝经济产品的内部都是组织合作的种类多，竞争的模式少。

现在的市场，竞争环节的开放性被看成了 IP 的宣传点，那种依靠着核心粉丝养活自己的 IP 不是很容易存活和发展，很难在产品内部构

建有效的生态系统。

通过定位核心、产品更新迭代拉动潜在、制造话题粉丝推广、最终短期走上大众舞台等一系列步骤，是不是比起传统的直接砸资源登上大众舞台的成本更高呢？其实对于登上大众舞台，两者定义是不一样的，对于传统资源推广，大众舞台是一个推广环节，推广到路人后还要看产品自身的品质能力，而对于粉丝经济产品，因为随着和粉丝的互动产品已经在不停迭代改变，大众舞台不仅是深入的推广环节，还是这个 IP 的转化环节。

粉丝经济产品的推广和传统大众产品的推广相比有着更强的优势：粉丝的忠诚度和韧性较高，后期付费能力强，所产生的二次推广能力也更突出。另外，IP 产品的生命周期更长，这是因为自身的个性化特征更明显，很难被复制，和那种传统的快消品相比是不同的，对个人 IP 的保值也更有保障。

总体来说，粉丝经济产品的特点是对 IP 的质量有要求，要具备在诞生初期就能吸引眼球的引爆能力，既要兼顾个性化还要不被抓住把柄，同时还要具备强大的包容性。另外，**IP 在留住老粉丝的问题上，最好采用传统手段和粉丝群体宣传相结合的形式，这样会在 IP 有运营动态的时候，让那些平时习惯沉静的粉丝得到一个短促而有力的爆发，形成以点带面的宣传效应。**

7. 多一点套路，少一点弯路

不论哪个行业，进入的人多了，套路也就多了，在 2014 年 IP 这一概念刚进入人们的视野时，IP 市场还是中规中矩，自从 2015 年 IP 被热捧之后，IP 市场上出现了各种包装和炒作的套路，这些套路有的高明有的低劣，但是成功的套路确实提升了 IP 的营销手段。一些 IP 运营者渐渐摸清了规律：玩好了粉丝经济就等于玩好了 IP 营销。

常见套路一：砸钱。

这个套路对那些拥有雄厚的资本基础的 IP 有效，方法就是直接掏银子，主要是在影视 IP 和游戏 IP 市场上比较常见，玩影视的资本大佬们，喜欢用大制作和大明星来撑场面。不过，这种套路也是需要营销策略的。

2016 年 7 月 31 日，霍建华和林心如的婚礼上，除了"还珠三姝"十八年后的重逢让不少观众感到唏嘘，还有一张号称是"随意搭配就变成剧组重聚"的照片，在短时间内刷爆了朋友圈。这个组合完全跳出了剧集的限制，就像七巧板一样，随意变成了《仙剑奇侠传三》《还珠格格》《倾世皇妃》等多个剧组重聚的照片……开始很多"围观群众"不明就里，后来人们才反应过来：热播剧里无非就是那几个熟悉的演员。难怪著名导演冯小刚也认为，目前资本投入电影经常关注的也就是那么几个人。

启用 IP 搭配明星的套路不算新鲜，也谈不上创意，这只是在 IP 被疯狂炒作之后资本市场的反应而已，说到底这关联着 IP 和粉丝变现关系的问题，**只有那些拥有庞大基数粉丝的明星，才会让投资者从兜里掏钱的时候心里有底**。因此在影视 IP 市场上，"大 IP＋大明星"的套路成为很多原创 IP 改编的前提。

当然，在大 IP 和大明星之前，如果仔细对比可以发现，大 IP 的号召力似乎更强，因为大明星会有人气旺和人气衰的时刻，但是很多超级 IP 的市场关注度却相对稳定，因此像《鬼吹灯》《盗墓笔记》这样的作品三番两次地被搬上银幕，这恰好反映了投资者对超级 IP 更加看重。因为这些爆款的 IP，都经历了长时间和粉丝互动和强化关系的过程，具备了成为爆款的先决条件。

炒作超级 IP 对投资者来说是风险相对要小的买卖，投入的成本总会收回来，比如仙侠神剧目《花千骨》，根据相关数据显示，投资成本为

1.05 亿元，在开播前就获得了 1.68 亿元的收入，在第二轮播放权卖出后收入超过 2 亿元，净利达到 1 亿多元。于是有业内人士分析，像这一类的超级 IP，价格其实并不高。不能用目前的价格和前几年的市场环境相比，前几年投入几万块钱就能收购一部网络小说的时代已经一去不复返了，那也并不能代表 IP 的真正价值。未来的资本市场，对 IP 的关注只会增加而不会减少，所以 IP 溢价是不可避免要出现的，IP 授权也会持续存在。

常见套路二：炒作话题。

虽然超级 IP 拥有数量众多的粉丝，但这并不代表不进行任何营销手段就能让粉丝产生消费行为，毕竟人在不同时期的关注点不同，盗墓类小说的粉丝可能在上学时被某个粉丝追读，然而结婚生子以后这个粉丝也许会关注一些现实题材的文学作品，当然这也不会消除他本身是盗墓小说粉丝的属性，只是需要唤醒他对盗墓小说的忠诚度，这时候就要引出话题，通过有争议性、趣味性的内容引起圈子中同好们的关注和讨论甚至是辩论，这样才能让老粉丝们重新燃起对 IP 的消费欲望。

这一点上，影视 IP 更容易着手，比如那些热播的偶像剧，会使用换 CP 的办法引出话题，从而炒红一部影视剧。CP（Couple，缩写）原本来自于网络，是那些观众对自己喜欢的荧屏情侣的称号，现在不管是影视剧还是综艺节目，总要刻意地创造一对或者多对 CP，目的就是为了开始造话题，吸引观众的眼球。

根据相关数据统计，2016 年上半年一共产生 168 部网剧，在如此众多的剧集中想要鹤立鸡群必须要有话题，而打造明星 CP 就是常见的话题设置手段，一旦某对 CP 的知名度被炒上去了，可以反复利用好几次。比如在热播剧《老九门》当中的陈伟霆和赵丽颖组成的"启月夫妇"，成了当时观众们喜闻乐见的一对明星 CP。后来在 7 月 30 日某卫视综艺节目中，陈伟霆和赵丽颖一起出镜做宣传，却因为陈伟霆和另一位韩国女星合演的电影导致播放"启月夫妇"CP 互动很少，顿时引起了不少 CP 粉丝的不满，他们将这种行为叫作"强拆 CP"，通过微博持续发酵，很快让这期综艺节目上了微博热搜第一位。

粉丝的力量是强大的，胡歌当初出演《琅琊榜》的梅长苏，就是因为自己的粉丝推波助澜，粉丝给胡歌推荐《琅琊榜》这部小说，后来得知山东影视制作中心准备投拍这部小说时又通过微博向制片方推荐了他。现在，**这种粉丝全力推荐偶像的行为，已经影响到了一些网络剧的制作高层，逐步渗透到明星的经纪和营销推广环节中，粉丝成为明星制造大业中不可忽视的角色。**

常见套路三：用衍生品反哺IP。

衍生品的一个好处在于，能够在跨界后继续圈粉，扩大IP的受众面和粉丝基础。为了让IP得到最大程度的关注，对IP价值的深入挖掘是重要的一个步骤。比如《花千骨》在收下电视剧版权后又相继收购了电影版权、舞台剧独家版等，开创了"影游联动"的成功案例。而热播剧《老九门》的同名手游，也一度坐上了iOS畅销榜第五把交椅。

和影视IP相比，游戏IP的变现潜力更大，根据相关数据显示，目前国内的网游用户人数已经达到了3.91亿，网络游戏成为泛娱乐产业生态的核心组成部分，会带动其他网络文化娱乐形式的飞速发展。虽然现在超级IP跨界的案例很多，然而和国外IP市场相比，国内的IP跨界还停留在初级发展阶段。以大电影《魔兽》为例，它在影片上线前的电影衍生品进入中国内地后的销售额超过了1亿元，最后直逼5亿元，成为了IP价值变现的重要组成部分。

粉丝经济是IP变现的核心，而粉丝经济的核心还是人性，只有能洞悉人性思考特点、情感变化和行为习惯的IP，才能在IP市场的搏击浪潮中立于不败之地。

8. 品牌如何转化 "IP 粉"

每一个IP都有自己的粉丝基础，但前面我们分析过，粉丝之间也是有等级划分的：核心粉丝、潜力粉丝和跟风粉丝。如果我们的目标是要打造一个最强IP，那就需要将这三类粉丝升级为IP粉丝。何谓 "IP粉丝"，他们是某一个IP品牌化之后的忠实消费者。

像变形金刚、哆啦A梦这一类的超级IP，他们在获得受众关注度的同时，也被当成广告营销的素材——通过IP元素对内容进行设计，凭借粉丝的口碑传播实现品牌知名度的传递。

麦当劳是一个超级饮食IP，它转化IP粉丝的套路是和同级别知名度较高的IP联手。20世纪90年代，麦当劳刚刚进入中国市场的时候，它就推行了 "买套餐送玩具" 的套路并将此形成品牌策略，这个策略的核心就是针对麦当劳最大消费群体——儿童和年轻人。麦当劳通过这个策略找到了一个有共性的产品：**卡通IP，它的最大特点就是不受用户的年龄限制，年轻人和小孩都喜欢。**

为了贯彻这个策略，麦当劳非常重视IP形象的开发，推出了汉堡神偷、大鸟姐姐和奶昔哥哥等产品，当然这只是他们策略中的一个，他们还重视和知名IP强强联合，比如在一些电影档期中推出的类似小黄人、马达加斯加企鹅、蓝精灵等玩具，此外还进行跨界改良，比如Hello Kitty和樱桃小丸子。

与著名IP的跨界合作让麦当劳玩具的吸引力和辐射面都大大增加了，人们去购买儿童套餐不再是因为它是麦当劳的玩具，而是因为自己喜欢的一个动画形象。有些玩具系列不仅能通过购买儿童套餐获得，还可以整套一起购买。这些卡通形象不仅对小朋友有吸引力，对成年人也具有诱惑力。

IP 跨界也是麦当劳十分注意的内容，特别是针对中国市场，为了加强小黄人玩具的推广，麦当劳既刷新了几座主题餐厅还将小黄人的形象印刷在餐盒和饮料上，甚至服务员的着装都换成了黄衬衫和小黄人标志性的牛仔裤。麦当劳通过 IP 联合顺势推了一系列新产品，得到了用户的好评。后来当史努比电影上线之后，麦当劳又持续推广各种活动，让自己的超级 IP 和经典卡通 IP 电影同步进入消费者的视野，起到了在参与造势的同时又借力宣传的作用。

另外，麦当劳还不断进行本土化创新，凭借摩登中国风新菜单抓住了不少顾客的胃口，还用"我创我味"的活动推动数字化、个性化的汉堡，通过奇趣玩具厂激发粉丝们的快乐和回忆，增强受众的体验。

进行 IP 联合的不仅是麦当劳，可口可乐也喜欢玩这种套路，它曾经利用奥运会在饮料瓶子上做文章并且做得十分巧妙。由于奥运的核心是比赛，而比赛属于稀缺资源，是用户关注的焦点，在结合比赛 IP 的同时叠加社交元素，自然会让 IP 的价值提升。

怎样将 IP 粉丝从广告片中转移到线下？需要 IP 的经营者将线下内容做好，比如可口可乐在瓶子上做文章，从昵称瓶到歌词瓶再到台词瓶，种类繁多，这种个性标签系列的瓶子，每年为可口可乐带来双位数的销量增长，而且可口可乐十分重视收集用户的信息反馈，经常做大规模的消费者调研，最后发现大家对具有社交功能的瓶子十分喜欢，因此在里约奥运会的营销活动中重新引入个性标签。

《星球大战》也采用了品牌借力的方式，虽然它自己就是一个经久不衰的超级 IP，有着深厚的粉丝基础，也吸引了不少品牌的青睐，但是《星球大战》懂得借力的重要性，为了增强影片在粉丝中的影响力，他们从各个层面入手，将粉丝转化为 IP 的消费者。

首先，推出主题产品，进行限量版的提振销量。

作为超级 IP，品牌借力营销的一般做法是经授权后将 IP 中的经典元素纳入自己的 IP 之中，从而实现粉丝到品牌消费者的转化，通常这

种经典元素中包括 IP 中的角色、道具以及台词等，对 IP 品牌而言，产品层面的绑定能够在短期内提升销量。

《星球大战 7》为了做好 IP 营销，和世界最会运营 IP 的迪士尼和七大品牌达成了全球合作伙伴关系，其中包含了美妆、快餐、电信以及数码等多方面，通过《星球大战》推出主题限量版产品，将星球大战的 IP 重新进行包装。在影片上映之后，市场上出现了很多星战主题的产品，比如宝洁旗下的 Covergirl（即封面女郎）星球大战主题的彩妆以及阿迪达斯的限量版星球大战运动鞋和惠普的主题笔记本，等等。在《星球大战》上映期间，很多粉丝也会"爱屋及乌"进行关联消费。根据调查显示，在岁末年关，星战主题的推广活动是很多合作商收入的主要来源。在《星球大战：原力觉醒》上映时，西欧的观众十分激动，因为相关的主题推广活动和他们产生了情感共鸣。

其次，通过游戏体验让消费者身临其境。

无论是哪一种 IP，都可以包含某些故事，而这些故事可以作为粉丝体验 IP 精神内核的最好素材，通过发挥 IP 的影响力可以吸引更多粉丝和用户的关注，特别是对那些科技类的公司，最好的方式当然是借用成熟的技术手段让粉丝体验 IP 的故事场景。《星球大战》上映后，合作商之一的 Google（即谷歌）马上推出了酷炫的主题游戏，将"把手机变成一把激光剑"。

事实上，身为科技公司，不管是制作限量版的人物玩具或者道具，Google 都似乎不很专业，但是它能够通过自身技术优势为所有星战迷们提供一个可以体验的星球大战世界。这个"星球大战激光剑逃亡"的游戏，让用户只要通过手机上的 Chrome 浏览器，就能够将手机打造成一把激光剑，甚至还能让两部手机实现同步，变成激光剑的手机能够抵抗对方的入侵，而且用户在舞动手机的时候能发出各种武器声音。此外，Google 还通过它的虚拟现实 Cardboard（即谷歌法国巴黎部门的两位工程师的项目），结合《星球大战》的官方 App，制出星球大战版的 Cardboard，让粉丝进入星球大战的世界中，和影片中的各类角色近距离接触。

最后，进行元素整合，帮助营销策略增加看点。

《星球大战》的长期合作商们，他们会通过借助星球大战的话题进行宣传，或者将其中的经典元素当成自身的营销亮点，增加营销活动的热度，最终将 IP 粉丝吸纳过来。比如赛百味，他们不仅推出星战主题的产品，还在社交媒体上创建了主题互动，让消费者到赛百味店里拿着主题产品摆出星球大战的姿势拍照，然后让他们上传自认为最好的照片到社交媒体上，选出最好的两位赠送他们奖品。

《星球大战》的另一个合作伙伴——英国电信运营商也脑洞大开，他们将星球大战的推广整合到他们的 2 500 万用户中，推出了用户忠诚营销计划，将星球大战的机器人植入他们的电视广告里，然后向用户分发1 700张影片首映票以及其他衍生商品，比如 LED 激光剑钥匙扣等，增强了和用户之间互动，稳固了和客户的关系。在消费者中引起了极大的关注和强烈的参与感，有超过百万的消费者为了星球大战的商品参与进来。

品牌化的 IP 粉丝，是最具有商业价值的大数据，他们能够反映出一个 IP 的市场盈利能力，黏着度、消费欲求以及活跃指数更高，只有实现普通粉丝到这种粉丝升级才能让 IP 的核心价值得到最终验证。

第八章

内涵为王，延长 IP 的保质期

1. 软性传播，增加 IP 的适应性

墨子的学生子禽曾经问他，多说话有没有好处。墨子说，青蛙白天黑夜叫个不停，口干舌燥的却没有人听它们的，而公鸡只在黎明的时候叫几声，人们就知道天快亮了，所以多说话没有什么好处，只有在合适的时机说话才有用。

墨子师徒的这段对话，放在 IP 传播上也是有用的。现在硬广的时代已经过去了，软广的手段铺天盖地。硬广没有门槛设定，一眼看过去就知道是广告，而软广有门槛，一眼看过去让人不觉得这是广告，通常会植入一些煽情、感人、励志的故事中，看得受众产生代入感，并引发共鸣。两种宣传手段相对比可知：硬性推广的成本高，转化率低；而软性传播的成本低，回报潜力大。况且，我们知道 IP 和粉丝连接的纽带不是功能性需求，而是情感需求，硬性推广只能让潜在粉丝路转黑，IP 的推广就要像墨子所说的公鸡打鸣，在正确的时间去做才有收效。

IP 最终的目的是树立一个品牌形象，只有品牌传播才能触动大众用

户的热情，才能确立一个 IP 在粉丝心中不可撼动的地位。

软性传播本质上就是品牌传播，它的传播效果很大层面上取决于社会大众对信息的理解和吸收程度。现在市场上的消费者已经不像以前那么好忽悠了，他们有着自己的判断力和消费倾向，变得日益理性和成熟，单纯的硬性传播只会增加他们的逆反心理，从而加重对某个 IP 的不信任甚至是反感。

在广告研究领域，有关硬广和软广替代性竞争的说法一直存在，现在很多大型综艺 IP 的内容营销费用都直逼天文数字，然而广告主未能采用技高一筹的方法将 IP 力量转化为品牌力量，导致很多 IP 品牌处于起步阶段和探索阶段。和硬广的尴尬相比，软性传播则更占优势，它能从 IP 的品牌形象切入，重视挖掘品牌形象传播的边际效应，通过委婉细腻的手段影响目标人群，概括起来就是用柔性的方式传递坚实的内容。

2009 年，一部名叫《护送钱斯》的美国剧情电影引发热议，除去它扣人心弦的故事核之外，这部影片成为了软性传播的最佳代表。它没有直接传达传统战争电影的英雄主义，而是通过价值观的传递来让观众印象深刻的，这和 IP 的粉丝培植是一个道理。

第一，要具备传播的硬内核。

我们说了软性传播的外壳是软的，但内涵一定是硬的。一个 IP 的价值观念和主题一定要立得住，更要具有一定的时代性。表象的东西可以像一部动作电影那样，有着强烈的视觉冲击和视听享受，但是真正要传递给粉丝的一定是无形存在的，最好是能和主流价值体系相近的价值观念，让粉丝认同你的 IP 传递的情怀和文化。

硬内核有一个切入的关键点，是一定要符合社会大众的视角，尽可能地避免主观审美，要做到尽量客观和真实，比如在《护送钱斯》这部片子中，它就舍弃了传统的主角视角刻画的方式，而是采用了"他者"的视角来展现，影片从头至尾都是客观和内敛的细节表现，每一个镜头都是在表达对死者的尊重。对于 IP 也是如此，只有做到不主观，才能有效输出价值体系。

第二，构建情感共鸣。

现在是一个新媒体时代，和传统媒体时代相比，那种我传递你接受的单向传播方式已经瓦解，只有用温情描述的方式，才能真正引起目标人群的情感共鸣，才能消除认知差异带来的情感隔阂，从而增强 IP 传播的效果。如今是一个充满着人本主义精神的世界，文化系统也偏向人文，对人权的尊重和对生命的人敬畏，成为了人们向往的精神标准，这也是很多超级 IP 具备的价值观念。而且，这种人文主义情怀是能够跨越国界的，不受制于文化背景的制约，能够在各个文化系统中培养自己的粉丝。

软性传播的核心，就是要在 IP 和粉丝之间打造一条温情的桥梁，实现"催化剂"的作用，用温情元素包装 IP 的内容和形式，缩减文化背景差异下的认知距离。

情感共鸣需要传递正能量，无论你的 IP 是着重产品还是服务，都不能忽视这个问题。因为软性传播照顾的群体是社会大众，社会大众的群体心理是不能接受丑恶虚假的内容，所以矫揉造作的传播手段会让 IP 的口碑变得很差。

假如你要做一个影视 IP，你想表现的是某某大侠多么富有正义感，你想把这个大侠塑造成一个 IP 形象，那你就一定要通过大侠行侠仗义的剧情来塑造，而不是单纯地表现大侠多么辛苦练功打败了武林第一高手，因为这段剧情你编造的再真实，也是无法让社会群体有真切的认知感的，你要从生活细节出发，从大侠的个人情感出发，这样才能打动更多的人，才会树立起一个有血有肉的真人。

不仅是影视 IP，游戏 IP 也需要照顾受众的共同情感。知名第一人称射击游戏《使命召唤》，风靡全球，它的亮点当然不是多么逼真的画面，而是里面为主角铺垫的剧情和人物前史，让每一次惊心动魄的行动任务都有背后的故事，贴近了受众的情感触点。要知道，亲身经历战争的玩家几乎没有，因此战场效果做得再逼真也很难产生共情，只有贴近大多数人的生活经验和情感心理，才是打造一个 IP 的关键。正是以温情贯穿到 IP 内容中，才能达到软性传播的作用。

虽然软性传播更能让 IP 适应市场，但这并不是全盘否定硬广的价值。**对于 IP 来说，不同阶段选择的推广方式是不同的，那些新生 IP 也适量地需要硬广，因为需要曝光度和声量**，但这里存在一个资金限制的问题：对于有财力支持的新 IP 适用，对内容创业者的个人 IP 来说很难。

近几年 IP 的内容营销在某种程度上唱衰了硬广的价值，是因为硬广普通量化的指标伤害了它的价值体现，不能帮助 IP 提升关注度，所以才遭人诟病。对于企业 IP 来说，硬广是最容易被管理和度量的营销手段，而软广则更难控制。但是从 IP 的内容构建来看，软性传播更有利于丰富 IP 故事和增强与粉丝的深度连接。

如果将 IP 看成是一个引爆点，那么引爆的方式通常是触发受众的情感心理，这只有软性传播最易达到，而且软性传播能帮助 IP 进行二次营销和二次传播，将传播的声量放大，还能节约相应的成本。即使对资金雄厚的企业来说，为了培养一个 IP 将钱都押在硬广上并不划算，只有整合更多的媒体传播策略才能做到信息的覆盖化。

如今是一个信息技术高速发展和大众传播媒介兴旺发达的时代，**软性传播会让信息过载的受众最快地接收到 IP 的核心内容，感知到品牌形象，从而帮助 IP 有效地圈粉**。

2.　IP 复刻，让竞争对手教会你

前面我们提到了蹭 IP，从技术层面看它是一种营销手段，现在我们要探讨的是另一个概念——IP 复刻。它不是简单抄袭，而是合理借鉴，从性质上看属于竞争策略的一种，也是有关 IP 内容建设的思维模式。所

谓"复刻"，就是效仿竞品 IP 的亮点。

《锦绣未央》开播之后引发不少网友的热议，有人发现电视剧的原作小说《庶女有毒》涉嫌抄袭，书中 294 章的内容可以认定为原创的只有 9 章。一时间，声讨声四起，引发社会的广泛关注。当然，这背后冒出来一个更能引起人们热议的内容——抄袭软件。

《庶女有毒》所抄袭的书目种类极多，不仅包括四大名著，还有琼瑶、二月河等人的多部作品，涉及范围达到 200 多部，人们猜测原作者秦简使用了写作软件。现在，销售这种写作神器的网络店铺很多，这种软件可以迅速打造出热门的网文作品，同时分为不同价格和不同等级，有的几十元，有的上千元，还有不少大纲、人设和外貌对话的数据库，现在很多写网文的人都这么干，目的就是为了减少工作量和创意，享受"大数据"时代的"恩泽"。

我们所举的这个例子当然是反例，不过通过这个案例可以总结出，IP 的复制并非没有可能，因为它能够在最短的时间内吸取成功大 IP 的创意卖点。

第一，创意复刻。

最强 IP 的特点是占据的高度，这个高度通常是经过长期的实践和总结摸索出来的，具备了很强的先验性，别人的创意和自有内容进行合理的结合之后，产出的新 IP 就有了差异化，也和抄袭的本体相去甚远。

第二，情怀复刻。

最强 IP 通常具有贯通人性的情感元素，这些元素可以跨越年代、人群和文化背景，感动一批又一批人，而情怀的东西又是难以界定谁是原创谁是抄袭，因此可以适量借鉴。

第三，粉丝复刻。

这是 IP 复刻中最关键的一环，也是最不容易出问题的一环。无论 IP 的创意还是情怀，最终指向的都是粉丝，那为什么 IP 不能采用逆向思维去思考，先去找粉丝然后再创造 IP 呢？比如，琼瑶的粉丝数量众多，他们喜欢言情类的作品，喜欢清宫戏，那么你的 IP 就可以从这个群体的需求出发，走一个类琼瑶的风格路线，可以在最短的时间内抓取到核心粉丝。

由于国内原创 IP 市场的整体疲软加上孵化 IP 的时间较长，导致新 IP 的诞生越来越困难，所以合理合法的借鉴几乎成为了一个 IP 运营的必由之路，至少是一条能少走许多弯路的通途。当然，IP 复刻不是目的，最终的目的是通过学习超级 IP 和优秀 IP 的长处，来弥补自身 IP 的短板，这才是复刻的初衷。

日本著名的游戏《口袋妖怪 GO》，自从上线之后马上成为不少玩家粉丝的关注，尽管人气度一度下降，然而在各大榜单上的排名还是很高，显然，《口袋妖怪 GO》的成功是口袋妖怪这个超级 IP 和技术 AR 结合的成功。

从动漫 IP 到游戏 IP 的跨界，其实也是受到行业和市场的影响，很多超级 IP 之前没有跨界的概念，但是看了同类 IP 跨界捞金的动作之后，也意识到了抓取圈外粉丝的重要性和变现能力。正是在这种思维的影响下，《哈利波特 GO》也随之诞生。

被称为亚洲第一"卖萌天团"的韩国互联网门户，靠着表情包赢得了大卖，仅在美国上市当天总市值达到 87.3 亿美元。这个即时聊天软件靠着表情包和周边产品红透半边天，因为在《来自星星的你》中被翻牌之后，衍生 IP——布朗熊和可妮兔也有了专属的形象代言，连三星、优衣库、施华洛世奇这些大牌也要沾他们的光，共同开发出不少爆款产品。就是这样一个看似无足轻重的社交软件，成为了亚洲最受宠变现能力最强的衍生 IP 公司，不少国内的企业也在思考，如何将这种模式进行复刻。

该家公司采用的是线上＋线下结合的营销方式，门店里摆放着一群标志性人物的公仔，吸引了不少粉丝前来合影留念，店内的商品种类齐全，除了毛公仔之外，还有毛巾、梳子等日用品，价格昂贵，一个普通的笔袋也要卖 28 元且瞬间脱销，可见这个 IP 的价值有多高。

像这种线上线下相结合、将文化体验由虚变实的商业零售业态是可以复刻的，它的营销关键就是利用在线上的虚拟互动产生线下的真实用户，将衍生品迅速推广到线下，从而实现了商场用户的线下导流，并凭借实体店的成功进入真实生活，扩大了粉丝基础，也能够增强粉丝的忠诚度。

该公司采用的 O2O 商业闭环模式，代表了体验商业的发展趋势，也充分和年轻时尚的消费人群相结合。这种模式，也被喜羊羊和熊出没使所采用。其他没有学成的，要么是缺乏相对应的经验，要么就是懒得进行线下用户深耕，并不是这个模式有问题，是经营 IP 的心态有问题。喜羊羊就不同了，它现在已经推出了奇幻空间、甜品屋、歌诗达主题邮轮、主题餐厅、宝宝店、灰太狼咖啡屋等体验项目，用 IP 来驱动家庭消费，拓展新的盈利空间，目标是在未来 5 年将授权体验店增加到 600 家。

一些 IP 复刻不成功，不是"复刻"这个套路出了问题，而是 IP 持有者短视的视野和浮躁的心理造成的，很多人甚至体验商业的重要性，却认为开发线下的精力用在线上更有收益，正是这种思维模式，造成了体验经济的组成部分日益稀薄，而线下运作能力较强的日本，则立足于这一类的体验门店的打造。有人认为中国缺乏成熟的动漫产业，事实上，像暴走表情、小明系列等表情包也非常多，它们在网民的聊天群中十分活跃，还有一些非动漫产出的独立卡通形象也十分流行，然而愿意去开发这些潜在最强 IP 的人却很少，由此可见，IP 复刻不是没有成功率，而是变现时期较长。

无论是 IP 原创还是 IP 复刻，都是对 IP 自有内容的深度开发，这个开发不仅需要创作层面的付出，更需要营销和推广层面的付出，一味地以变现快慢为指标，将会失去一块细分市场，也会缩短 IP 的生命周期，更疏远了一些潜在粉丝。

如果说 IP 原创是不断产出新的创意和 IP 形象，那么 IP 复刻就是在别人创意的基础上，持续地推出更新的形象，对有价值的 IP 元素进行深入挖掘，做的先后顺序不同，但是方向一致，最终目标一致。

3. 培养第七感——网感

近几年有一个词十分火爆——网感。很多人一听到这个词，第一反应就是网络词汇，什么萌萌哒、蓝瘦香菇等，然而这并不是网感的真正定义。**网感代表的是一种思维方式，是一种迎合当下互联网时代脉搏的心理和行为。**

比如一度热播的网络喜剧《万万没想到》，其中不少对白就是网感的体现，比如"我只想做一个安静的美男子""老板除了不发工资以外，想想还是挺好的"……这一类的对话之所以说有网感，是因为体现了当下网民的一种思维反应，存在着很有趣的解读内涵，更是代表着大家对屌丝群体的自嘲心理。

IP 时代面对的受众群体，虽然从定义上看是很广泛的，但是主力构成逐渐从"80 后"向"90 后"甚至"00 后"偏移，他们正在转变为整个互联网时代的消费支柱，看看现在的热门大 IP，比如《花千骨》《欢乐颂》……这些题材要么是根据火爆的网文 IP 改编的，要么是能引起网民们吐槽欲望的，总而言之都具备一个特征——网感。

想要在当下制作出一个能够打动年轻网民的 IP，必定是要具备网感这个因素，或者说要沾一点网感的气息，特别是进入移动互联网时代，有人公布过一组数据：手机端和 PC 端看剧的数据从 2014 年的 5∶5 转变到为 2016 年的 9∶1；大概有 22% 的学生群体基本上不看电视；剧集讨论热度不仅来自确实看了剧的人，那些没有看过的也会加入，比如《欢乐颂》的观看流量有四分之一是因为一些关键词引流过来的，并非原著粉主动追剧。此外，粉丝们追剧的原因也和小鲜肉演员有关系，但不是占绝对因素，**根据统计，74.3％的粉丝更看重故事类型和情节。**

以上列举的数据，虽然不能完全定义网感的概念，但从多个侧面反映出了年轻网民的心态和习惯的倾向。简单归纳一下，网感 IP 通常要具备三个因素：爆点、槽点和痛点。只要任意达到其中两个，就能够确保这个 IP 在市场中存活下来。

爆点，可以理解为一个创意点，一个 IP 最闪亮之处，能够快速在互联网环境下引发受众关注和热议的内容，如制造话题，一些影视 IP 走了同性之爱的题材路线，可以看成一种爆点。

槽点，不一定非要指一个 IP 的瑕疵，而是一个类瑕疵——在甲眼里是瑕疵在乙眼里是优点。总之，是一个具有争议的地方，比如小时代中大量小鲜肉演员和美瞳、假发、水晶吊灯，这些元素可以看成槽点，因为说不上错，也说不上对，只要能引发热议就 OK。

痛点，是能够戳中观众情感心理的元素，比如网络神剧《万万没想到》，虽然是一部喜剧，但是屌丝王大锤的形象和悲惨遭遇，注定会引发不少处于底层奋斗的年轻人，他们没有良好的出身背景，没有天生帅气的容貌，也没有飞黄腾达的运气，面对着各种悲催只能含着眼泪去笑，这就是痛点的戏剧化。

一般来说，最难把握的就是槽点和痛点。如果槽点控制不好，就会变成神剧和雷剧。而痛点也是不容易，因为你所感知到的痛可能不是别人的痛，或者说是一种已经逝去的痛。如今互联网上的年轻群体，已经见过很多世面，他们对精神文化的需求超过了一般的 IP 创造者，因此他们对 IP 的认可界线为内容是否认真。

当然，网感只是对一些最强 IP 的特征总结，是一个相对模糊的概念，也有人并不认同，他们的观点是：网感是一个伪概念，互联网上最吸引人的东西是不受时代制约的，只有碎片化和精炼化的且能够直达受众内心的东西。我们暂且搁置这种争议，再深入挖掘"网感"背后隐藏的内容。

第一，网感代表了网生内容的亲民性。

网感就是要接地气。像《万万没想到》和《屌丝男士》这样的网络剧大 IP，火爆的原因被看成"得屌丝者得天下"的言论，当然"屌丝"用词并不准确，因为网民中土豪也很多，而在校大学生几乎人人都可以自称屌丝，所以最核心的是抓住了接地气。在网生内容时代，阳春白雪是没有什么优势的。

然而，亲民的 IP 并非只是局限于内容，更重要的是学会用粉丝的角度看问题和思考问题。就拿美国的《纸牌屋》来说，无论从拍摄规模还是题材选取甚至作品质量上，任何国内的网生视频都无法与之相比，它的成功在于做了一件颠覆行业规则的事：将全季 13 集一股脑投放到线上，让那些喜欢一次性看个够的观众们过瘾，甚至发明出一个新的词汇：Binge Watching（狂看）。亲民的 IP，自然换来的是高度忠诚的粉丝。

第二，网感意味着快速更新。

在信息爆炸时代，网民们对信息的接受和传统媒体时代不同，过去是等着一周一期的杂志，一个话题甚至能够讨论一年，然而现在一个话题只有两天的时间就会被新的话题取代，因此网感就代表着流行过快的特征。不能够快速更新内容的 IP，无法被受众记住。

第三，网感要和粉丝互动。

现在，娱乐观众的手段都是将代入感视作终极目标，而观众的直接参与无疑是最终极的办法。过去，当你和一个老牌影迷说你看电影的时候喜欢屏幕上划过文字吐槽时，对方十有八九会觉得你不正常，因为看电影不正是追求高清晰的画质和不受人打扰的环境吗？屏幕上突然蹦出一句岂不是唯恐天下不乱？

在互联网时代，留言和互动已经成了 IP 和粉丝之间交流的必要工具，假设"95 后"们看剧的时候，屏幕上是干干净净的，反而会觉得不太自然。一度热播的《死侍》，是最具有网感的院线电影，主角一边喋喋不休，一边画着自己的漫画，还要和观众聊上两句，让其他角色瞬间丧失存在感，给粉丝们带来了截然不同的观影体验。在交互的时代，很多爆款网剧 IP，会在视频上线后接受观众的反馈同时调整剧情的发展。不仅是网剧，其他依赖于网络传播的 IP，都要走这条套路，否则就是死路一条。

归根结底，**网感一定要达到"娱乐"的最终目标，无论你在这个过程中进入哪条岔道，在打造 IP 的过程中，网感永远是一条必经之路。**

4. 人格化营销是制胜之道

任何一种产品或服务都有针对它自己的商业逻辑，这种商业逻辑决定了该产品或服务的营销策略。那么，IP 的商业逻辑是什么呢？简单说，就是通过人格代理持续产出优质内容来输出价值观，利用这个价值观吸纳粉丝，让粉丝具备了对 IP 的认可度和价值观，从而让粉丝和 IP 之间建立信任关系。

从人格代理的角度看，个人 IP 比企业 IP 更容易构建人格化特征。个人 IP 容易建立和粉丝之间的感情，这种人格化的交互关系会形成和用户的情感联系纽带，而企业 IP 的营销手段更多以品牌为中心，打造出的 IP 通常也是一种冷冰冰的形象，难以让人产生亲近感。

个人 IP 是以人的连接为中心的，凭借人格代理的方式，借用一句流行语就是"让 IP 更有温度"。因此，一些企业 IP 为了突破这种弊端，都选出企业的形象代言人而避免直接使用品牌，比如格力的董明珠、小米的雷军，他们通过为自己企业代言的方式拉近品牌和用户的距离，让用户从对个人的信任上升到对产品的信赖。

人格化营销从性质上来看，是一种流量的迁移，从平台迁移到个人，能够用最低的成本实现跨平台传播，这恰恰构成了人格化营销的最大优势。现如今互联网的红利相比前几年已经消耗不少，因此未来的营销方向是低成本高效率，况且大的平台也被实力更为雄厚的企业 IP 所占据，所以个人 IP 的营销成本必须控制下来。

即便是企业 IP，也陷入了推广成本居高不下的掣肘之中，现在一般电商的获客成本大多超过了 100 元，那些运营小众产品的电商甚至花费更高，这种不利的局面迫切需要更低价更精准的引流方式，而人格化营销符合人们的期望，网红经济的崛起就是例证，所以不少电商通过网红这种个体进行引流，效果更好，成本花费更低，还具有精准化和黏性化的优势。

除了网红经济影响之外，**IP 还可以通过自媒体和内容生产力来吸收粉丝，达到自带流量的效果，还能够摆脱单一平台的限制，实现跨平台的流量分发**。目前，消费者的需求已经从功能性上升到精神性，更加注重 IP 的人格魅力。从消费行为分析来看包含着两种属性：经济属性和社会属性。经济属性指的是 IP 内容本身带来的使用功能，比如产品、服务、文化，等等。社会属性是隐藏在 IP 背后的社会意义，比如一件衣服是为了遮蔽身体和满足审美，一部电影是为了文化休闲和陶冶情操。

在互联网时代，社交媒体的作用让 IP 的社会属性进一步被放大，很多 IP 之所以被热捧，是因为能够满足粉丝对自身社会地位、品味和价值观的精神需求，比如，你可能通过谈论《花千骨》和一个妹子建立了社交关系，你也可以通过收藏变形金刚玩具进入一个土豪圈子，从这个角度来看，能够打动粉丝的不再是 IP 的经济属性，更多的是 IP 深藏的精神价值。因为**在当下，大多数人是不缺吃穿而是缺少温暖，这让 IP 被社会赋予了产品功能属性以外的价值，这也是恰恰是人格化营销的精髓**。

虽然在 2015 年被称为 IP 的营销元年，但是在农业领域人格化营销的案例早已出现，最典型的就是褚橙、柳桃、潘苹果为代表的"三果志"，其中以褚时健的橙子最为突出。

当初在褚橙进京时，褚时健在哀牢山上已经种植了十年的橙子，在云南当地也卖了很多年，只是那个时候没有被赋予"情怀"二字，价格也不高，和现在预订抢购的火爆场面完全没法比，究其根本是人格化营销起了决定作用。

毫无疑问，褚时健是一个成功的个人 IP，这个 IP 同样包含着经济属性和社会属性两个方面。褚橙本身味道甜美，酸涩度控制的恰到好处，这是人格化营销的基础。另一个方面就是褚橙背后隐藏的是褚时健高龄创业的情怀，这是更为深厚的社会属性，不少企业大佬订购褚橙，正是将褚时健当作创业的偶像和励志的榜样。

两个属性相对比可以发现，如果只宣传经济属性，褚橙绝对不会大卖，但如果强调社会属性，褚橙就变得非同凡响，因为褚时健的个人 IP 已经将普通的橙子和他跌宕起伏的人生经历连接在了一起，具有超强的吸粉能力，这就是我们前面提到的打造人和人之间的连接，而不是人和商品之间的连接，这才是 IP 和粉丝互动的核心，让褚橙像米老鼠、蝙蝠侠这些最强 IP 一样，成为了一个精神符号的象征，最终演化成为充满正能量的"励志橙"，拥有了广阔的消费市场和慕名而来的粉丝。

通过品牌化的人格营销，能帮助 IP 实现产品向内涵的转化，提升 IP 的精神内核，建立 IP 和受众的强关系，完成 IP 的品牌溢价。

人格化营销需要注意两个问题，一个是凭借持续优质的内容生产能力建立 IP 势能，另一个就是利用这个势能让用户获得成本更低更精准的连接。一旦你玩转了人格化营销，会利用互联网的优势压缩渠道环节，减少传播中的障碍，迅速地为 IP 打造品牌和口碑。

内容是 IP 人格的寄生体，缺乏好的 IP 内容，再强大的人格化营销都无法持续释放 IP 的魅力，因此内容依然是 IP 和粉丝建立信任关系的根基。

还是以褚橙为例，现在有人开始吐槽：由于褚橙供不应求，导致在品控上出现了一些问题。根据云南当地媒体《春城晚报》的文章可知，有的褚橙经销商开始涨价，皮还没有变黄就卖给消费者，味道上似乎也和以往的褚橙有些差别，另外消费者网购买到的褚橙还会遇到次品……如果这些问题不能够被很好地解决，曾经被褚时健励志故事感动的消费者，很可能会因为褚橙的质量下滑而最终离开。

有关褚橙的小反转说明了一个问题：无论走哪条营销套路，IP 的内容是不变的根本。褚时健的故事再励志，如果通过一个烂橙子去讲述，背后的社会属性也就失去了载体。对此褚时健也表示，几年前大家出于好奇买来吃，但如果果子不好吃或者很普通，人们买了几次也不会再买了。

人格化营销需要持续的内容生产力，因为想到打造 IP 的势能，离不开内容的饱满，现在 IP 市场正在经历着从渠道为王到 IP 为王的过渡，内容营销是不能被忽视的，因为人格化营销需要向粉丝传送的是价值观，最终实现 IP 品牌的人格化，达到这个目的的手段就是持续产出内容。《罗辑思维》也好，《海贼王》也好，李玉双五常大米也好，他们都是通过强大的内容力升级为最强 IP 的，虽然形式不尽相同，但都是凭借内容为自己的 IP 在行业内树立起权威和专业的 IP 形象，从而赢得粉丝关注和黏着，这才是人格化营销的根本逻辑。

很多最强 IP 的共同特点是，能够自带流量，不需要借助太多的媒体和平台，存在着无限的延展性，这需要 IP 从创建伊始就要有定位多屏发展的属性，这样才能对 IP 内容进行最大化，才能保证日后营销引流的顺畅。以《罗辑思维》为例，它不仅在微信上发布内容，还在优酷发布视频，还在喜马拉雅发布音频，这就是多元化生存战略的体现。不过需要注意的是，多元化并非是将一个 IP 弄得松散和四不像，它必须是坚持在原有粉丝定位基础上的多元化，不能为了适应更多的形式和平台唱衰内容，那就是 IP 自身的失败。定位精准的 IP，才是能迅速吸纳粉丝的 IP，才是有旺盛生命力的 IP。

和传统媒体时代相比，现在消费市场出现了"品牌返祖"的现象——人格变得更有价值，产品本身的成本和销售价格联系越来越松散。特别是在进入移动互联时代之后，国内的消费者更愿意为符合自己价值取向的品牌溢价掏钱，这也从另一个侧面反映出，人格化营销是打造超级 IP 战略的关键步骤，至于人格化营销究竟会产生多少可能，还需要更多人的实践和摸索去探底。

5. 吸引力决定核心价值

在 IP 成为营销关键词之后，市场上流传出不少有关 IP 特征的描述，我们之前也抓取过几个要点进行了分析，但是我们应该明确的是：能否创造或者营销出一个最强 IP，本身并不绝对受制于某些特征的限定，因为 IP 原本就是意象化的词汇，它既有特定的属性，也有非特定的变化形式。

比较常见的几个 IP 特征是：平台流量、虚拟形象和知识产权。

单一平台是否掌控着流量，这不是重点。

就拿央视播出的抗日神剧来说，单从收视率的角度看可能超过了《琅琊榜》，但这并不意味着它变成了 IP 并拥有了粉丝，那只是因为它的平台赋予了强大的流量，一旦脱离了这个平台就不会有其他流量产生。

IP 一定是虚拟形象吗？并非是必要条件。

日本真人演艺组合 AKB48 和湖南卫视真人秀合作的《爸爸去哪儿》就成功打造出了一个综艺节目 IP，然而这里面并没有牵涉虚拟形象，但是通过发布优质的内容在各个平台上实现了知名度的提升和粉丝的聚集。

IP 不一定要有知识产权，这只是概念化的描述。

当"暴走漫画网"凭借着很多系列的"表情包"在社交网络走红之

后，也成为了一个知名 IP。而且这些漫画的原型人物都是明星人物，比如姚明、张学友等，并没有人将暴走漫画告上法庭，所以后来推出的脱口秀、表情包、手游等更多的门类，再次证明了暴走漫画也成了 IP。

基于以上特征可以发现，**一个内容算不算是一个 IP 只有一个标准：能否通过自身的吸引力摆脱平台的限制，在多个渠道中截取流量进行扩散。**

内容创业掌握着相当大的话语权，这也是近几年刚出现的。在此之前，一个内容创业者想要在某个平台上创建属于自己的 IP，必须要获得那个平台的认可，比如杂志社、报社等，就算是勉强通过，很可能也要进行修改才行。如果和那个平台的取向和文化差别太大，很可能就被拒之门外，但这证明不了这个内容本身是否存在问题。即使进入互联网时代，这种情况也没有完全改变，虽然内容分发总的成本下降，然而流量分配权还掌握在一些门户网站编辑的手中，即便是有了搜索引擎，但是一个内容创业者想要创建自己的网站，仍然需要高额的代价，不会免费获得这个好处，更无法通过单纯的运营手段来达到。

在微博时代，情况出现了转机，那就是内容生产者更加自由，他们可以 Get 一个自己感兴趣的点位，进行某种碎片化内容的发布，不过基于微博的平台，这种发布还是要受到不同程度的制约，并不是绝对自由的。

在微信公众号时代，情况发生了彻底的改变，因为微信公众平台采用的是对流量分配权下放的模式，让其他的内容平台被迫做出决定：要么跟进要么放弃以至于被内容生产者淘汰。经过利弊权衡之后，大部分平台选择了跟进。

2015 年下半年，中国互联网历史上曾经一度掌控流量分配权的三大门户网站以及百度、腾讯、微博等平台，先后将流量分配权下放到自媒体手中。于是，一部分内容创业者终于得到了他们梦寐以求的流量分配权。

和传统媒体时代相比，新时期的内容创业者赶上了好时候，他们的经营门槛降低了，乐于与之合作的平台也变得越来越多，这些平台只要看中了他们感兴趣的内容，就会无偿地为他们提供传播的途径，从而吸收更多的粉丝，也为平台自身扩大了用户基础。

传统媒体时代有一种行为叫作"一稿多投"，指的是某个人将自己的稿件同时投递给多家媒体，这被视为一种很可耻的行为，一旦被发现，会进入所有编辑的黑名单，日后再难有出头的机会。新媒体时代则不同，只要内容创业者愿意，可以将自己产出的内容投放到多个平台上，而且不会受到任何指责，因为这就是互联网分享精神的体现。

现在很多在微信上做大的自媒体，都将他们的内容在平台上全面铺开。简单计算一下目前国内的主流平台：微信、微博再加上 QQ 公众号，基本上整个互联网的流量都会转移过来。但是也要认清一个现实：**流量巨大并非代表能转化为实际利益，因为不是每个自媒体都能做到这种高度。凭借某一个自媒体在各个平台上发布的内容，能够推测出这个自媒体是否具有流量分配权。**

一般来说，超级自媒体 IP 可以分为两种，一种是以十点读书、冷笑话精选和哲学人生网这一类为代表的，他们自身不产出特别优质的原创内容，这是由于他们在微信上做得比较早才成为了超级 IP，他们的弱点是替代性很强，提供给受众的内容不是唯一的。这一类的自媒体如果要进入其他平台是有难度的，即便是在微信上占据了优势也一样不受优待。

还有一种自媒体 IP，比如严肃八卦、毒舌电影等，他们产出的内容相对前者更加优质且特色鲜明，能够让用户们追着去看，可替代性就相对前者而言变得很弱。因此，当这一类超级自媒体将内容移植到其他平台上一样会有粉丝，如果他们转战了阵地，他们的死忠粉也会跟过去，那么原有的平台就会失去一部分流量。经过对比可发现，只有这一类的自媒体 IP，才是真正掌握了流量的内容创业者。

　　自媒体只守着一个平台是很危险的，当然如果你的内容足够优秀就无所谓。那种高喊着"我这条命是微信给的"的内容创业者，往往经不起时代的变革和颠覆。也正因为这一点，现在不少平台都在极力保护内容创业者的版权，当然这个说法并不准确，准确地说应该是留着这些不可替代的内容创业者。

　　目前自媒体平台也看透了某些个人 IP 的不可替代性，资本市场也更青睐注资这一类 IP，因为优质的内容代表的是高转化率的商业变现，以个人 IP 为内核的自媒体成为资本大鳄的投资首选。有意思的是，将这两个词结合在一起你会发现，他们都能得到资本市场的关注，因为内容创业者正在逐步引导着流量分配权。不管他们发布一张图片还是一篇文章，对粉丝的导引性是非常强的。

　　不过，随着 IP 市场环境的变化，并非所有的自媒体都能在这股潮流中生存下来，归根结底，**只有那些为平台和资本挣得到流量的内容才是优质的个人 IP。只要能挣得话语权，就会有无数个内容创业者为之奋斗，这是最基本的人性，也是最根本的市场运行规律。**

第九章

玩转个人 IP

1. 个人 IP 潜力无限

个人 IP 是相对于企业 IP 来说的，它的主体是个人或者某个小团队，所产出的内容多数是创意文化领域的，比如微博上的大 V 张全蛋、papi酱等，还有各个直播平台上的主播。虽然一些个人走红之后会有专业化的组织做支持，但从性质上来说都是个人 IP。从某种意义上看，我们现在说的个人 IP 和构建社群正像是一对双胞胎，只有相互支撑才能确保根基稳固。

个人 IP 的一个前提是进行产品化，这是一则金科玉律。一些人能够运营好一个企业 IP，但未必是运营个人 IP 的高手，比如做在线教育，一些失败的案例就是规定你的产品服务每天有一次实时在线辅导，这个设定看似是确定产品和服务的属性，然而从长期来看是很可怕的，因为在线教育无法实现一个老师带多个学员的情况，每个学员都希望得到名师的指点，结果报名参加的人越来越多，老师却无力照顾，导致他们的成绩很差，名师的口碑也变差了，在线教育的业绩也就差了，进入死循环状态。

这不是在线教育经营的失败，而是不懂得个人 IP 产品化的失败，一个产品必定有它的功能范围和种族属性，不会无原则地吸收接纳无穷尽的用户，这是个人 IP 和企业 IP 最大的不同，哪怕就是当年的小米，也面临着产能不足的情况才推出抢购的模式。像在线教育这种个人 IP，名师就该减少必须和学员互动交流的时间，或者培养其他的助手，或者限定招收学员，你要知道，你经营的是个人 IP！你的功能只限于对少部分人的教育。

一个成功的个人 IP，进行产品化的途径是有很多种的。比如，趁着现在电子商务持续火热的契机，可以通过开网店、做微商等道路，最后将这些回头客转化成为死忠粉。还有一些个人 IP 就是通过网店赢得了一些回头客，很快就将店铺升级为黄冠。

还有一种模式，就是出书造势，虽然现在图书市场不太景气，但是买书的人还是有的，而且这个群体对图书的喜爱热度是很高的，书对于很多人来说，是一种相生相爱、互相促进的关系。自然，你想通过卖书赚大钱不可能，但是吸纳一部分原始粉丝不是不可能，有了粉丝作为基石，未来拓展 IP 知名度的机会就有了。而且，图书的跨界形式多样，可以变为影视，也可以变为电子读物，甚至变为游戏。

做视频，在 papi 酱和张全蛋火了之后，不少人尝试做短视频，当然盲目的跟风成功的概率注定不高，但是这种短视频的方式符合当下互联网信息传播的特点，也容易和粉丝建立起亲近的关系。不过，一个优秀的短视频内容，本身也可以看成独立的 IP，它牵涉了视频制作者的综合能力和与粉丝互动的能力以及剖析市场热点的能力。

网络直播，这是最近一两年最为火爆的职业，网络直播的形式是多样的，可以像传统的主播那样只是唱唱歌，也可以表演才艺，也可以做户外探险，甚至做一些类似挑战吉尼斯的东西，从理论上讲给了所有发挥自己特长的空间，但正是因为内容的随意性和粉丝的不确定性，让这一类的个人IP生命周期较短。

剩下的就是其他衍生品了，既然要做一个个人IP，IP自身就要具备创意迁移能力。

事实上个人IP更多是一种情绪，是粉丝们看到IP形象后产生的一种内心的直观感受，国外的网红很多走逗比路线而不是拼颜值，就是因为单纯的美女并无优势，人们也知道这背后隐藏的东西。但是幽默搞笑的天赋，不是每个人都具备的，而且每个人所表现出来的也不同，这就能激发出粉丝独特的情绪。

欢聚时代拿出10亿投资虎牙和ME直播，腾讯拿出4亿投资斗鱼，映客获得昆仑万维和复赛等机构的8 000万投资；陌陌被阿里"包养"，360推出了花椒，可见直播平台的火爆程度。另外，娱乐圈中挺进这个领域的人更多，"赵家班"弟子活跃于映客，"好声音"成员常现身于花椒直播，咸蛋家主打通过网剧走红的新人黄景瑜等，美拍还和张艺兴、范爷合作。

从2016年开始，个人IP的价值正在逐步提升，个人IP的影响力变现从单纯的秀场演变为秀场＋知识＋社交的方式。PC直播和移动直播的兴起，为个人IP的创建和发展提供了渠道，这也是互联网时代去中心化下的写照。

虽然在直播平台诞生之后，发生过烧钱比赛和涉黄等问题，国家对直播平台的监管也越来越严，然而这个发展趋势并没有改变，只能得到规范化和一定程度的延缓，相应地也会促进更优质的内容诞生。个人IP必定会走向兴旺，因为它符合市场的发展规律。

直播行业所涉及的一些制约因素，是任何一个行业都可能遇到的，只是在当下的风口浪尖上，在移动互联网时代的推动下会超过一些行业，比如直播在美国未能蓬勃发展起来，也许在中国会长出另外一番模样。

打造个人IP需要长久的经营而非一朝一夕，网红Ayawawa（姓名：

杨冰阳）从模特成功转型为美女情感作家，延长了她的个人 IP 生命周期，她的成功秘诀就是不贪多求快，她曾经表示一年写一本书，这和那些几个月就弄出一本书的"高产作家"相比，自然多了几分稳重，要知道个人 IP 是需要更长久的时间沉淀的，而且 Ayawawa 每天坚持看粉丝来信并认真回信，假设没有这种付出和分享的心态，个人 IP 很难经营起来。

如果你要做好个人 IP，要考虑清楚一个问题：你的优势在哪里？

这个问题换个角度看，就是回答你是一个什么样人的问题，你有哪些优点？要知道在传统中式教育的环境下，很多人变得没有特征，这对个人 IP 来说简直是灾难。你必须知道自己擅长什么，能够用一句话来描述自己，让受众瞬间记住你的名字和你的特色。为了保持个人 IP 的清晰度，你要保持一致性，因为粉丝想看到的是一个真实的人，是个矮就不要伪装高个，那种伪装走高大上路线的套路不适合个人 IP 的长期培育。还是以 Ayawawa 为例，她将复杂的进化心理学简化为 PU 值和 MV 值两个元素，PU 值指的是亲子的不确定性，而 MV 值指的是伴侣价值，而这两个词汇变为她的专属词汇，她通过这两个词就能够玩转各种情感问题的解析。

这种风格的一致性，本质上就是我们**强调的 IP 符号性，看到一个人就能想起一个词、一个阶层、一种职业和一种行为模式……能达到这种程度才算个人 IP 的成功。因为符号化的个人，才有利于进行广泛的传播。**

学会了符号化之后，下一个问题就是要构建属于自己的粉丝。记住，只有核心粉丝才有最大的价值，才能帮助你快速完成个人 IP 的变现。而核心粉丝是最需要维护的群体，将这个群体留在自己的阵地上，才能实现向潜力粉丝和跟风粉丝的扩张。

2. 寻找变现新途径

从本质上看，主播是个人IP化、IP个人化的特殊体，对于一个直播平台来说，最重要的是内容，而内容是直播平台最关注的部分。内容是由个人主播提供，这就是有别于传统平台所提供的企业IP和定制化的个人IP，也造成了个人IP的庞大基数。通过在平台和自己的粉丝交流，就能将个人IP的形象迅速变现，这是其他渠道所不具备的条件。

实际上，在IP这个概念诞生之前，个人IP已经存在了，只是那时没有IP这个概念而已。进入互联网时代，个人IP的变现成为现实，以网络小说为例，早期的痞子蔡等人写作时，是免费面向读者的，还没有付费阅读这种模式，随着互联网商业模式的成熟和网民消费习惯的养成，这种个人IP在网络上付出劳动＋获得回报的变现途径终于打开了。在移动互联网时代，批量产生个人IP又成为一种新现象，比如罗永浩、马薇薇、罗振宇等人。他们成为IP之后，不仅新业务得到了媒体和资本的追捧，也为自己赢得了一大批粉丝的认同，建立了比较稳定和顺畅的变现渠道，个人IP和企业IP相比，变现能力得以加强。

个人IP变现能力的提升，和互联网敦促个人IP的进化有着密切联系。同道大叔借助淘宝、视频网站等平台崛起，然而回过头来看，在平台和个人能力的诸多限制下，个人IP的变现效果从整体上看依旧是缓慢的，很多人只是叫好不叫座，名气大但报酬低甚至没有什么报酬。这其中主要受到三个因素的影响：平台机制导致个人IP化，个人化IP实际变现手段的匮乏以及个人IP和粉丝沟通路径拥堵。用一句话来概括就是个人IP的粉丝还不够成熟，不愿意轻易为他们的"偶像"掏钱买单。

现在直播平台的崛起，为批量的个人IP提供了有利的生态环境，它的天然基因决定了会消灭上述我们提到的三个限制因素，帮助个人IP最终完成变现，凸显 IP 价值。

第一，门槛降低为变现提供前提。

当你的名气在互联网上不被人所知或者不被多人所知的时候，变现只能被看成臆想。现在直播平台降低了人们打造 IP 个人化的门槛，不需要长期的积累和社会地位的限制，也不需要专业化、精细化的制作团队，更不需要像芙蓉姐姐和凤姐那种炒作方式，你只需要一个平台的保护和推荐，就能完成个人 IP 的内容打造。

信手拈来、随意简单，这就是直播平台打造个人 IP 的特点，成本低廉的出道模式，让每一个人都具备了成为个人 IP 的可能。当然，门槛低并不意味着没有门槛，顺眼的容貌和不讨人嫌的声音和基本的话术技巧，这些算是进入直播平台的基础条件。不过，更重要的还是如何打造一个适合自己的"IP 培育计划"，而这个 IP 的目标就是建立一个被网络大众接受的偶像。假设一个人具备了颜值 + 智商的软硬件基础，那么在直播平台上崭露头角只是时间问题，**因为在直播平台上，只要成为一个圈子里的达人就意味着阶段性的成功，只要有粉丝的追捧，就不愁没有变现的渠道。**

直播平台上的粉丝到底有什么需求呢？显然他们来到这里不是为了接受再教育，也并非希望主播们拿出百家讲坛那些大师的水准普及国学，他们需要的是主播和他们建立一种微妙的关系，让一个优秀的、有特点的、有趣味的人变为触手可及的人，这就是粉丝和偶像的关联性，这个关联性才是打通个人 IP 变现渠道的前提。

当然，在直播平台上的粉丝各有特点，有的消费能力强，可以不断送礼物和打赏，有的消费能力弱，但是也可以帮你评论、点赞甚至转发，这些都是推动个人 IP 走向火爆的必要阶段。

那些做得好的主播，通常是会采用双向传播的方式：我在电脑前表演，你在电脑前观看，你的观看决定了我的表演。实际上建立的是一个良性互动的过程，会推动个人 IP 的成长和粉丝的开枝散叶，而主播的一颦一笑都在粉丝的长期关注下，等于被粉丝所见证，这种关系远远超越娱乐圈明星和粉丝之间的距离，让彼此成了家人，换个角度看很像恋爱养成游戏。

主播的IP变现是和粉丝的互动指数密切挂钩的，主播的一句口头感谢，往往会成为粉丝持续消费的动力，有些粉丝为了主播上榜拼命花钱，这都是"家人效应"带来的效果。

第二，个人IP的变现手段更加平滑。

在直播平台上找到了变现的场地，下一个面临的问题就是如何让整个变现的过程更加流畅无阻碍。如果将过去秀场模式下的个人IP和直播平台中的个人IP作对比会发现，主播们越来越靠近传统的秀场模式，主播可以通过粉丝的打赏情况界定自己是否属于受欢迎之列，这种模式要比在微博微信上的打赏功能更加客观，一篇文章得到几十元的打赏已经不算小数目，然而在直播平台上几十万上百万的收入并不罕见。

第三，个人IP通过和粉丝互动增强。

直播平台诞生之前，个人IP再优秀，也很难直接接触粉丝，缺乏沟通渠道，也无法修订自身的IP内容和IP形象，导致个人IP的品牌建设无法深入，粉丝和偶像之间的黏着度也很差。咪蒙曾经借助公众号为孩子谋取上学特权时，不少粉丝对其进行了强烈的指责，这就是互动渠道的弱势造成的情感纽带不牢靠引发的。

在直播平台上往往不会发生这种情况，因为实时互动的模式增强了打赏过程，很多粉丝为了让主播关注自己，都会心甘情愿地花钱，这和微信、微博上的互动完全不在一个等级。粉丝对个人IP的追捧，本质上是一种孤独感和需求认同感的情绪需要，为了得到这样的机会愿意花钱，因此会和主播之间形成强关系，这和明星的线下活动拉近和粉丝的距离道理是一样的。而且在直播中，主播所体现的人格特点更接近活生生的主人，范冰冰在直播中讲述了上厕所的话题一下子成为热议话题，而主播讲述的也是生活化的内容，会更加凸显他们的个人特质，于是出现了五花八门的风格，有毒舌的，有娘炮的，也有卖萌的，也有不走寻常路线的……这种批量化的个人 IP 打造，让粉丝有了更多的选择，也更依赖直播平台。

3. 有个性才有独特的 IP

和传统媒体时代不同，网络直播是一种全新的内容生产方式，它会让个人 IP 有着颠覆性的改革。直播能够产生超越传统视频和文字平台的优势，让 IP 的价值内涵更强，同时也会降低 IP 内容的生产门槛，通过实时交互的形式，让 IP 内容和用户的情感需求更加靠近。

传统媒体时代，个人 IP 的生产方式很简单，也更加精细化，你是一个作家，就要苦练文字功底，这样才能通过严格的出版审核，而这个过程注定是漫长和烦琐的。传统媒体环境下的 IP 内容，虽然从生产方式上看更加精细化和标准化，也符合工业化时代的流水线作业模式，然而这种统一规格的标准，注定诞生出的 IP 内容差异化缩小，因为它们有着相同的生产逻辑。

这种传统的生产方式存在一个极大的弊端，那就是无法和受众进行实时沟通。比如你做一个短视频，会使用多个角度的拍摄手法剪辑出一个作品，既要消耗很长的时间，又很难根据得到的市场反馈，导致一些电影电视剧进入市场之后只能顺其自然。哪怕一些电视剧可以根据观众的反馈补拍几个镜头，但这终究是很困难的，这也是边拍边播模式无法得到推广的主要原因。

进入新媒体时代情况则不同了，直播平台上的 IP 产生，不需要花费很多时间，只要有一台电脑和一部手机就能产生内容，而且内容更加多样化和自主化，不仅可以借用传统平台精耕细作的生产方式，还可以将互联网时代的种种传播方式借用过来，比如脱口秀等，人人都能适当打造个人IP，人人都可以生产IP内容并聚敛粉丝，哪怕是非常小众的需求，都能让一个主播在平台上维持其继续生产的状态。

由于主播的内容是实时打造的，因此主播可以充分借用当下热点事件作为IP的补充内容，提高了信息的传递速度，比传统媒体反应快很多。从这个意义上讲，直播平台上的主播，都是当今社会百态的记录者，你能够得到过去只有传统大媒体才能得到的一手资料。而直播产出内容的方式，虽然不从属于分享经济的模式，然而在本质上却非常接近——都是将个人价值的最大化产生出的变现能力。一句话总结，新媒体时代，每个人都是内容的消费者也是内容的生产者，如果能满足自我需求内容的获得，就可以不断分享下去并被一部分群体关注。

由于建立了实时沟通的互动模式，IP内容会更加符合用户的需求，甚至演变为定制用户的需求，**每一个主播都能从自身优势出发，主动寻找属于自己的粉丝，这样再根据粉丝的需求产出内容会更有效率和效果**。而且，在偶像粉丝的交流过程中，能够产生思想的碰撞，诞生新的IP内容，从而让每一个粉丝都变成IP内容的参与者。

另外，由于直播的内容更接地气，所以产出的IP价值会得到市场和粉丝的认同，特别是**主播的临场发挥更能增强个人IP的被关注度和差异化优势**。

正因为新媒体环境下，个人IP的内容产出更符合时代性，因此**通过直播平台，主播能够实现个人IP的高速变现进程**。

虽然现在一部分投资人并不是特别看重企业或者个人的当下变现能力，但投资的一定是未来的变现能力，一个没有变现渠道的个人IP毫无商业价值，这就是视频媒体从广告模式转向会员模式的主要因素。比如papi酱的价值是较高溢价的商业变现手段，而其他大部分网红走的都是广告路线，只是单一的广告模式无法在平台生根发芽，无法长期推广和维系。

直播通过传统秀场模式＋新媒体时代优势，打开了一条通往迅速变现之路的途径，而和直播平台的合作，促进了这种模式的效率最大化，让不少走红的主播赚到更多的钱，那些处于底层挣扎的主播，只能勉强维持基本的收入，但是也获得了快速变现的利好局面。

有人曾分析过，个人IP和企业IP相比，最大的一个优势就能够唤醒粉丝心中的心理唤起——唤起粉丝另一个"自我"的出现，让他们暂时变成另外一个人，展现出完全不同的气质和行为。如果你不理解这种描述，那你看看直播平台上为主播疯狂打赏的粉丝，其中不少人还是工薪阶层，却在网络上变成了截然不同的人。而打赏对于主播而言，是一条更加高效的变现渠道。曾经有粉丝为获得主播青睐争相送礼物直至炫富，结果一个回合之后主播获得百万收入。

找到了成功的变现模式，推广的领域也更加宽泛，秀场模式能够复制到泛娱乐的直播领域，比如电竞女主播Miss的一次直播中，前5名打赏的粉丝超过100万，史上最牛历史老师袁腾飞在花椒首秀不到一个小时，就吸引了50万粉丝，于是现在不少网红和专业演员进入直播平台，他们不是为了玩票，而是打算长期驻扎下来，因为这里的回报是非常丰厚的。

怎样才能确定自己的IP内容有独特性呢？可以从两个特征观察。

第一，是否领先。

领先意味着不从众、不媚俗，是独一无二的，如果你的IP能自主打造细分领域的风向杆，你就能成为营销的起点，因为它预示着你的IP内容是原创，原创才是征服粉丝的核心元素。**一个对热点内容过分关注的IP，注定只能是影子IP——活在别人的动作之后。**无论你是公众号上的码字工，还是直播平台上的主播，你都要在你的文字和声音里体现出独特的价值主张。能够在行业中领先，意味着你的IP内容是不可复制但可以持续的。

第二，转发率。

一个独特的IP内容会深深吸引粉丝关注并能唤起他们的分享欲望，特别是和大众认知相背离的观点更能引发受众的关注，产生"小流行转化为大流行"的传播效果，从而完成商业的规模化运作，一个独特的IP内容会长期保持着较高的转发率，能够确保IP和粉丝之间的深度交互。

独特的内容造就了IP的价值，尤其对个人IP而言，你的IP是否有鲜明的"人格魅力"将决定着你的粉丝基数，在IP孵化和IP营销的过程中，不要因盲目从众而平庸了IP的内容，那样流失的不仅是粉丝，还有创造IP的初心。

4. 个人IP和企业IP相互借力

现在的网红已经过了单纯比拼颜值和出位的阶段，而是朝着多个领域发展，很多主播涉足了动漫、美妆、时尚等领域，在平面媒体和网络媒体去中心化的前提下，主播的个人IP影响度超过了传统媒体，也就是说个人IP更容易得到粉丝的认可。不过，**受制经济环境和政策环境的影响，不是每一个主播都能获得良好的变现能力，因此挂靠某个品牌的产品和服务获得变现通道，走企业IP和个人IP的模式未尝不是一条出路。**

从社会心理角度来看，直播是当下年轻网民群体打发时间的最有效途径和手段。人本主义心理学家马斯洛认为，人有五层心理需求，只有在最基本的生理需求和安全需求满足之后才会上升到更高层面去寻求被爱、被关注和被尊重的需求。

对于网生代来说，关注和爱是他们一直努力追求的网生内容，特别是网络成为他们最重要的生活组成部分之后，他们会尝试从多个角度去尝试有创意的、前卫的内容，而传统媒体无论在时间上还是空间和想象力上都难以达到，相反直播却是最有效的途径，能够通过声音和图像实时交流、反馈，调动用户的注意力，而这正是网生代看重的内容，也是最容易构建IP核心价值的地方。

个人 IP 的发展，本质上正是互联网发展的缩影，无时无刻不朝着实时化和移动化的方向转变，无论是 BBS 还是博客、微博还是移动互联网时代的兴起，都朝着很多方向转变，而在这千变万化之间，隐藏着抓取年轻用户群体的契机。

有人分析过，在互联网上，第一生产力是性；第二是无聊；第三才是免费。直播平台从某种程度上看，几乎同时满足这三个要点：有美艳感的主播做节目，有无聊打发时间的受众，还有免费的观看平台。主播将个人 IP 和互联网生态紧密联系到一起，极大地保留了它的生存价值和变现渠道，还为粉丝谋求了满足基本情感心理的内容。一个在生活中经常处于孤独状态、一个事业上没有太大成就的人，会因为对主播送出一件礼物让对方回复一句爱你么么哒，这就正中了粉丝的情感需求点。

不少粉丝为了接近偶像，不惜花钱购买偶像的唱片，比如 AKB48 的粉丝就是如此，还有粉丝甚至爱上了偶像。除去无聊心理作怪之外，用户对粉丝的窥探和猎奇需求也是客观存在，让大家从偶像身上找到了宣泄的通道和满足的途径，直播平台从某个角度看，为很多人的生活寻找到了一个出口，让他们的生活内容更加丰富多彩。因此有人一针见血地指出，一些网民没有分辨是非的能力，但他们拥有数不尽的时间和精力，如果你知道用更无聊的方式替代网民们的无聊，那么你的个人 IP 就起到了营销效果。

直播平台和传统平台相比，最大的优势是粉丝对偶像的忠诚度不同，从表面上看粉丝只是普通的观众，而他们的偶像只是以主播为职业的一群人，平台也只是为主播提供秀自己的空间而已。然而这三者之间的联系却十分紧密，哪个平台有主播就有粉丝追过去，大平台会聚集更多有特色有人气的主播，不同的平台根据不同的特色构成了不同的平台属性，比如斗鱼和虎牙擅长做游戏直播，映客和花椒聚集了美女主播……不同的主播给平台拉来了不同类型和层次的粉丝，而这些粉丝的聚集又吸引了更多新主播的出现，主播和平台之间形成了黏性很强的培育和反哺的关系，最终确定了平台和主播的品牌特色。一个人气主播的离开，也会带动一批粉丝的离开，同样一个平台政策的改变，也会影响主播的职业前景。

互联网时代是直播平台和主播产生强利益关系的时代。对于个人 IP 来说，平台的变化影响到了这种 IP 形式的可持续发展状况。

首先，直播平台日益激烈的竞争，给个人 IP 带来了变现压力。在 2015 年，各大直播平台都得到了较高的投资，而到了 2016 年不少平台发生了震荡和变革，促使直播平台朝着一个更规模化、规范化的方向发展，2016 年呈现出的特点是增速落后的直播平台被新的融资遗忘，最后消失在市场中，而以 "BAT" 等互联网大佬为代表的互联网企业，纷纷注资进入，因此那种垂直型的直播平台都离不开巨额的市场费用的支持，也需要不断拓展新的变现手段。在这种背景下，主播们也要因势利导，在政策允许的范围内调整自己的直播风格和内容，否则稍有不慎就会被淘汰出局。

其次，直播平台的业务量增大。

主播虽然风格不一，然而占据主流的依然是美女主播，尤其体现在电竞领域，不仅都是网红脸，而且内容也高度相同，让很多粉丝处于选择困难症当中。另外，直播内容的单调和雷同，导致主播这种个人 IP 未能起到价值传递的意义，也一定程度上影响了平台的发展。正是受制这种现状，2016 年不少直播平台都推出了泛平台化战略，虎牙推出户外和体育等频道，斗鱼则开放了体育和科技频道……显然，在泛娱乐化的背景下，直播平台承载了更多的内容需求，也从客观上要求主播们担负起这种责任，向粉丝输出有价值的个人 IP 内容，确保平台内容的多样性。

最后，平台促进个人 IP 的演化进程。

从直播平台的视角来看，最有价值的资源是主播，因此想要跟平台进行合作就注定要和主播产生联系，在这个交互的过程中会促进主播的进化，**一旦主播通过个人的魅力和才华，和粉丝发生了深度的交流行**

为，就能将某个品牌传递到粉丝群体中，增强平台对粉丝的吸引力。

从这个角度看，企业和个人 IP 之间的关系越来越紧密，企业 IP 可以和个人 IP——主播产生合作关系，通过人气主播对粉丝进行"科普"，推广品牌宣传，相比于传统的广告更有价值，从而起到主播代言转化为主播对企业品牌产品的背书，将主播的粉丝经济优势转化为企业品牌的粉丝经济优势。而且，主播为了打造个人 IP，会不断进行自我传播，努力和粉丝建立更密切的互动关系，这就促进了企业品牌和社会大众的关系加强，是一种省心省力且契合度极高的方式。如果某个主播成功实现了个人 IP 的打造，日后的合作也会变得更加流畅。

比如彪马，曾经拿出 150 万美元一年的费用连续签约博尔特，长达六年时间，而续约时的费用提升到了 900 万美元一年，最终干掉了竞争对手耐克。尽管企业对个人 IP 的长期投入未必会立竿见影，但从目前存在的多种合作模式上看，无疑是最佳的选择。

脸书的创始人马克·扎克伯格，在推出脸书直播之后表示，直播是目前最能让他激动的事情，现在脸书已经面向全体客户开放了视频直播功能，同时还将"Facebook Live"放在产品中心按钮的位置，可见对直播的重视程度。无独有偶，推特旗下的直播应用 Periscope（即流媒体直播服务运营商），仅仅在上线一年的时间内，便得到了飞速的发展。

个人 IP 和企业 IP 本身不存在矛盾，相反还会互为补充，个人 IP 因为具有人格化的优势，更容易赢得粉丝的信赖，而企业 IP 拥有资本和平台优势，能够采用更广泛的营销手段孵化自有 IP，一旦个人和企业达成合作，玩转粉丝经济将易如反掌。

5. 从网红经济看个人 IP 的出路

现在爆发的网红经济是真的火了，尤其是在直播平台兴起的这两年，移动直播诞生了一大批网红，据统计，70% 以上的"95 后"表示，直播会成为未来他们选择就业的发展方向。网红的火爆，迅速跟另一个更火的名词挂上了钩，产生了一个新的概念——网红 IP。

网红是具有流量力的 IP 受众群体，而且还扩充了 IP 的概念，不仅仅是用户对产品有功能性的需求，还增加了价值取向和精神层面的认同，于是很多业内人士发现，炒作网红 IP 是新出路，它可以通过社交网络沉淀式的社群经营转化为直接的商业利益。

这是一个炒作 IP 的时代，这也是一个炒作网红的时代，无论是短视频的火爆还是直播视频的推波助澜，网红经济在互联网大环境下，寻求到了广阔、肥沃的生存土壤。以斗鱼、虎牙、花椒为首的直播平台，正在源源不断地造就一大批新的网红。甚至在 C2C 的淘宝店铺上，也诞生了一批擅长样品拍照、粉丝互动以及打版投产的电商网红，**他们或者有惊人的技能点，或者有超凡的个人魅力，总之都在聚集着大量的粉丝，由此形成了粉丝经济和社群经济。**

网红 IP 是一种个人 IP——根据网红走红的性质，大体可以划分出三种网红。第一种，像芙蓉姐姐这样的事件网红——根据一个爆炸性的网络新闻走红；第二种，叶良辰这样的娱乐网红——根据一个段子迅速传播互联网走红；第三种，就是商业网红——和某个行业的商业利益直接搭伙而走红。从目前的发展趋势来看，未来娱乐网红会进军商业网红。

现在火爆的直播平台上的网红，基本上都属于娱乐网红，他们的颜值和内容是主要符号；而商业网红就不能单靠颜值和内容，否则就成为了衣服架子。从这个角度看，成为一个合格的网红，打造一个靠谱的个人 IP，是需要经过时间孵化的。

在中国的电游领域，几乎无人不知道"小苍"姐姐，她通过《英雄联盟》游戏解说视频，实现了电竞从业者到仅在斗鱼平台便拥有百万粉丝的完美升级。另外，被称为中国电竞第一人的 Sky（姓名：李晓峰），也是在 2014 年进入创业圈，成立了电竞外部设备的钛度科技并出任 CEO。从这些网红 IP 的事例可以看出，仅仅靠着颜值而走红的网红，很多并没有实际的商业价值，很难在某个领域深挖下来，所带动的也并非某个领域的火爆，只是个人利益的最大化。**只有那些符号化的人物，才能为商业价值的破口找到新出路**。

个人 IP 要想实现明星 IP 那种等级的火爆，需要很强的互动性，有些在直播平台火爆的网红，面对摄像头和粉丝能玩得很嗨，但是跟商家互动却失去了活力，这样的个人 IP 其实价值不大。一个能够带动行业升值的网红，不是单纯的宣传，更应该参与到产品设计环节。

网红经济的崛起，让资本市场发生了微妙的变化，真格基金徐小平自从见过微博名人 papi 酱之后，表示自己的投资理念发生了变化。他认为，中国目前的网红其实就是"未经任何人授权的互联网品牌，以及未经授权的有影响力的个人"。这些人得益于互联网时代的巨大传播优势，能够有机会将梦想变为现实。

和早期的芙蓉姐姐、凤姐和木子美不同，新一代的网红绝不是依靠单纯的炒作、出丑来博眼球，而是需要在受众的精神生活方面有所裨益，在商业化的社会，作为个人 IP 代表的网红，有机会创造出更高的商业价值。

判断一个产业能否长久，主要看它的细分市场，拿网红经济来说，他们能细分为时尚和奢侈品产业，能为商家带来利益，能利用网络综艺赚钱，能够对多条电商路线进行整合。在经过专业的商业化之后，优秀的网红收入能够跟二、三线明星媲美，甚至超越一线明星。未来，会有更多的商家争取跟网红合作。

现在，主宰整个互联网脉搏走向的 BAT，也瞄准了网红产业，比如腾讯投资了直播平台斗鱼，阿里投资了映客……种种迹象表明，互联网大佬们越来越看重个人 IP 对企业产品和服务的引流效应，而拥有众多粉丝的网红列为首选。

对于网红而言，最值钱的自然就是历经时间考验之后沉淀下来的 IP 价值。网红的个人 IP 价值一定要具备商业性，举个例子，某个网红在虎牙上有 40 万粉丝，但这还不能称为 IP，因为没有经过商业的检验，投资人未必会认可你的价值，而一旦鲤鱼跃龙门成为商业化的网红，就具备了投资价值。

如今很多用户愿意从网红身上找到共鸣，所以细分市场之后，可以考虑找一些能满足用户特殊喜好的网红，向这些受众群体出售特定的产品，即便价格稍高，也不会让用户反感，这或许是未来的一条出路。简单来说，网红最重要的变现方式依然是电商。只有商业化的 IP，才能带来商业化的投资回报。

整个社会对网红经济的认可，是需要时间发酵的。早些年，人们认为只有凤姐这样的才是网红，而从 2014 年以后，网红的定义就发生了变化，从非主流转向商业运作。但是现在面临的实际问题是，网红太多，质量层次不齐，太好的网红一般商家签不起，而不好的网红又没有价值签。其实，最终决定是否要签的，还是该网红是否存在挖掘商业价值的潜力。

成为了一个有知名度的网红是不够的，还要学会经营个人 IP 的内容。如今这些网红更新换代速度很快，生命周期也很短暂，当粉丝们还没想起上一代网红的名字时，新的网红又诞生了。对于一个网红来说，唯有掌握了内容才能持久，才能将粉丝牢牢圈住。所以，现在资本市场对网红的态度都很谨慎。不过，这就引发了一个新的问题：单靠个人，很难产出优质的内容，或者说，产出的内容即使优秀也十分局限，不具备可持续性。

未来的个人 IP 市场，网红走的模式会演变为"因个人而起以团队操作为终极手段"。那些从直播平台中走出的网红，将会输出的一个品牌和一种审美，会让粉丝和网红互动时候想到，自己也要成为这样的人，无形中传播了榜样效应。

当然，想要成为网红绝非易事。网红的行业规则是，如果三个月没有走红马上会被弃用。不过，这种丛林法则式的用人标准并不科学，未来随着专业团队的出现，会延长网红的生命周期，会根据粉丝的属性对网红进行矫正和定位。

作为个人 IP，无论走何种商业化路线，网红都应该清楚，他们首先作为一个个体而存在，一个有血有肉、和粉丝能互动交流的真实个体。粉丝之所以追捧网红，是因为存在着很多共同点，只有打造闭环的生态试水社群运营，才能实现网红这种个人 IP 的品牌价值。未来，网红培训机构和经济公司的出现，会帮助网红在品牌经营方面取得更大的进步，而在专业化、规范化的行标确立之前，网红更多关注的应该是如何将自己打造成商业价值的掘金者。

6. 网红经济是大众文化的崛起

网红 IP 经历了三个发展时期：文字时代，网红主要通过出版赚钱；博客和论坛时代，主要靠炒作时间和博取关注赚钱；富媒体时代，从广告转变为电商和打赏等方式。

网红经济的崛起深受互联网的影响，在传统媒体时代，受众的审美和价值观的传播是单向传播的，所以无法反馈出对大众的审美心理和情感需求。在网络力量的影响下，现实生活中每一个人都变成了互联网的支点，最有表现力的人才有机会打造个人 IP，成为网红。特别是移动视频在网络上大行其道之后，个人的表现力在某种程度上等同于个人 IP 的塑造力，从这个意义上，网红经济的崛起就是大众文化的崛起。

能够打造出一个成功的个人 IP，在于对大众文化了解多少和回报多少。

网红 IP 的核心是网红自己，也就是人，经营个人 IP 最重要的是对人的洞察和理解。无论是传统媒体时代还是互联网时代，网红 IP 是特殊的存在，具有唯一性、排他性等特征。个人 IP 只要能将人的心理摸透，就有可能成为最强 IP。

那么，受众洞察的内容到底是什么？从网红 IP 来看，他们需要具备鲜明的特点，并且利用这个特点将他们自身表现给受众，从而让受众信赖你并转化为粉丝，这就是变现的关键。网红需要在 IP 内容上深耕。

第一，内容要具有辨识度。

有特色的网红 IP 要在芸芸众生中一眼被人认出，可以是外形，可以是人格特征，只要特点突出，总会有粉丝喜欢你，如果加上专业的培训环节，会让这个特点无限放大，粉丝群体也会迅速扩充，从这个角度看，**IP 市场应当尊重个人 IP 的特点，无论这个特点是否有争议性，只要是无害于大众的就应当深入挖掘，让个人 IP 在整条营销轨道上完成自我实现。**

第二，要懂得粉丝为什么喜欢你。

网红 IP 的根本在于有多少粉丝喜欢你，想要做到这一点并非易事，因为你要清楚为什么会有人喜欢你，是你的某一次发言还是你鲜明的个性？有些网红虽然粉丝不少，但他们并不知道自己的闪光点在何处？也许粉丝喜欢的是网红的专业知识，但网红却误解为奇葩的着装和尴尬的冷笑话，直到粉丝大量流失的那一天才得知真相。一个网红若是不能说出粉丝的 G 点在何处，可能会偏离成功之路。

第三，粉丝对你是否产生了信任感。

这是最重要的一点，一个网红有粉丝喜欢不难，难的是既喜欢你又信任你，然而有些网红没有认清二者的区别，在粉丝培养的还不够成熟时就开始推销产品，结果吓跑了一大半。其实，一个网红 IP 的售卖能力受粉丝的信任指数影响，你能走红是因为你有特点，但是你卖得火爆不一定是因为你有特点，而是因为你赢得了粉丝的信任，至于如何被信任，需要网红诱使粉丝追随他们的品位和生活方式的变化，最终接受某个产品推荐。

现在电视上的美妆节目，表面上教会观众如何化妆和护肤，本质上是硬性推销各种化妆品和护肤品，很容易让受众反感，一个成功的网红就不会做这种硬性植入，而是以朋友的身份和粉丝分享美妆护肤的经验，博得粉丝的信赖和尊重，然后再通过巧妙合理的引流进行推荐，当然推荐的产品一定是符合描述的，一旦口碑玩砸了，想要重新建立会难上加难。这种营销套路，就是网红IP在向受众输出内容的同时又拉近了和粉丝的距离，让双方都站在一个对等的平台上，所以现在有些网红故意通过炫穷的方式来吸引受众关注，这并非是恶意搞噱头，而是面向大众文化这个基点，穷是一种流行气质，会让人觉得更接地气，也更容易和粉丝引起情感共鸣。当然，恶搞的、虚假的炫穷不在此列。

从本质上看，网红是一个概念，只是从另一个角度诠释了粉丝经济，一切互联网产品都来自于线下，而在线下能发展的更快，如果想要在社交媒体上做大做强，就要不断产出优质的内容。

在一个看内容的时代，要想获得粉丝的关注，一定要回报给大众符合他们文化心理需求的东西。目前，消费升级时代，国内市场其实是缺乏品牌的，尤其是有内涵的品牌，同理可发现，有内涵的个人IP更容易得到大众的认可，比如papi酱、罗振宇这些超级个人IP。

说到底，网红经济的爆发，背后受到两个逻辑的推动：第一个逻辑是媒体的反垄断，之前网红中央电视台这种主持人，是被媒体牢牢控制住的，没有人会自己开设一个电视台选自己当主持人，在互联网出现之后这个愿望就成为可能；第二个逻辑是媒体形态的进化，现在不管是报纸、杂志、电视还是微博、公众号等，都通过不同的媒介形式让各类网红找到了表现才能和创造个人IP的平台和机会。

在网红经济的大潮下，其实存在着三个层级：第一，个人层级，就是网红自身在同行中所处的位置；第二，品牌层级，能够在不同的平台上生存，可以是微博，也可以是微信，还可以是电视台；第三，平台层级，这类网红能够满足受众的某一个需求，而这个需求由几百个上千个网红传递承接，具有一定的领袖地位。

网红经济的崛起促进了专门化、专业化的培训机构的建立，这对于想要打造个人 IP 的内容创业者来说是好事，因为专业机构会传授专业的营销技巧，也有利于培养个人 IP 的成长。当然，在 IP 市场尚未真正成熟之前，各种门类繁多的培训机构，也让内容创业者走入误区，那种浮夸的、缺乏实际意义的指导方案，会加剧强 IP 和弱 IP 之间的差距。

内容创业者想要通过个人 IP 走红最终实现变现，就要谨慎挑选所谓的培训机构。也许有些人不重视专业培训的意义，会采用传统的暴力刷屏、粗暴引流的方式，殊不知这正是早期微商 low 的营销手段，只会加剧受众对自媒体的反感。一般来说，专门的培训机构应该符合如下几个特征。

第一，促使内容创业者蜕变。

无论之前有何种网络营销经验，都应该让你有一个全新的认识，打破个人 IP 营销的僵局，发现到你的 IP 的核心价值和差异化特征。

第二，强化 IP 营销技能。

仅仅是掌握一般性的网络营销手段是不够的，要想培养出一个超级 IP，必须要增强变现能力，**如果你的个人 IP 是由一个团队来运作，你就必须要掌握领导力，具备战略眼光，**即便是你单打独斗，也要学会自控和布局，否则将一个好 IP 玩坏也不是新闻。

第三，改变你的思维。

互联网＋时代有它自己的特点，这个特点并非是每一个网民都能感受到的，只有让你的思维获得质的提升，才能更全面、更专业地看待你的 IP 养成之路，更重要的是，**你要通过转变传统思维适应新的时代，掌握更丰富的资源，提升自身的格局，能够抓住让 IP 升级的机会。**

第四，实操手段的掌握。

即便是你拥有了大局观和丰富的资源，但在实操技法上有漏洞，也一样会触发"木桶效应"，一个专业的培训机构，势必要教会学员如何掌握基本功，比如怎样注册和使用直播工具，如何在浩如烟海的个人 IP 中脱颖而出，如何打造鲜明亲切的 IP 形象，如何获得第一批精准定位的粉丝，这些虽然是细节，却往往决定着成败。

第五，获得最新资讯。

通常在培训机构里，你能有机会接触更多的行业信息，可以利用大数据和微信息让自己更全面系统地了解互联网，甚至通过和同行接触，能够有效吸收到他们身上的长处，利用间接经验减少营销成本，提高 IP 的存活率和曝光度。

网红代表的是 IP，IP 意味着流量，价值变现本质上还是粉丝变现。稳住你的粉丝，就是稳住你的网红地位，就是保有并提升你的 IP 价值。

7. 草根 IP 一样能火

自古有云"英雄不问出处"，这句话也可以套用在 IP 上。无论 IP 的创造者是在什么环境和条件下创造的 IP，都没有高低贵贱之分，**只要经营得法，营销得当，出身低微的 IP 一样会变得"高大上"**。

脸书的创始人马克·扎克伯格在北京天安门前跑步的照片，曾经一度引爆了互联网，不少网友纷纷评论转发，有网友调侃说他是世界上最贵的吸尘器……各种精彩点评不断，仅仅十分钟的时间，这张照片就引来百万的阅读量和不计其数的评论。无独有偶，马云的演讲、刘强东的爱情故事也曾经刷爆各个媒体平台。有人称，这是各个 CEO 用兵不血刃的方式提升自有品牌的影响力。然而这种套路让很多 IP 持有者感到悲观：大佬们本来就自带光环和吸睛指数，对草根来说是不是不能走这条路了呢？未必。

我们先来看一下烧白哥的故事。

烧白哥真名叫叶春城，他通过草根 IP 的营销将自己打造成了知名品牌。烧白，本来是一道具备乡土特色的川渝民间菜，是叶春城饭店里的招牌菜。叶春城没有什么社会背景，他只是一个默默无闻的程序员。2012 年 5 月，他和同学辞职卖烧白盒饭，2012 年 7 月赚到了 12 000 元启动资金，2015 年，他的微博粉丝达到 3 万，新增了三家火锅店，并增加了火锅 O2O（Online To Offline，线上到线下）配送业务。目前，叶春城的火锅店在重庆有了 3 家直营店，全国加盟店达到了 20 多家，此外他还输送底料和培训学徒，产业链做得极为丰富。

或许叶春城的业绩不能和我们提到的那些大佬相比，但是从草根 IP 养成战略来看，烧白哥无疑是一个成功者。他自己也承认发现了粉丝经济的力量，也抓住了粉丝经济运作的法则，让他从一个卖盒饭的逐步变成微博达人和微商教主。总结起来，叶春城的创业经历折射出四条草根 IP 养成战略。

第一，线上培养粉丝，线下变现。

借助互联网的传播效应，能够最快地吸引和培植粉丝。叶春城利用微博作为宣传的平台，将粉丝从二三十个人增加到了两千三人，甚至到了后期他不专注做线上营销了，粉丝数量还在疯长。他吸粉的方法通过直播创业的方式，传送他的创业经验，还征集和发布情感倾诉故事，让那些单身的粉丝通过他有机会找到另一半，从而为烧白哥这个个人 IP 融入了强大的社会属性：吃烧白，交朋友。

另外，烧白哥没有放弃传统媒体的力量，他通过赠送盒饭的方式让重庆的报社和电台工作人员都品尝到了他的手艺，帮助他拓展了更多的流量，很快就成为了当地乃至全国小有名气的餐饮明星。

第二，加强 O2O 战略。

叶春城不满足于本地的市场，他为了提升"烧白哥"IP 的变现能力，开设了淘宝网店，对外推出 12 元一份的真空包装烧白，月销售额达到了几万元。与此同时，叶春城还开通了微信，迈出了微信订餐的关键步骤，通过朋友圈向淘宝网店引流，而且他还坚持"粉丝吸引粉丝"

的策略，从微信订餐者中挑出有故事的人，拍个照，说几句俏皮话或者感言，然后发布到朋友圈中，成为了吃烧白独特的"买家秀"。

第三，增强买卖关系。

从 2013 年开始，叶春城不再卖烧白而是去做火锅，因为他发现微博的粉丝数量开始下降，如果不能丰富他的 IP 内容，很可能会被困死在线上，难以满足需求越来越高的粉丝。另外，微信上"买家秀"的火爆，让他意识到线下的营销手段更容易留住粉丝。之前他推出的线上牵红线的活动，由于受到网络平台的制约，成功率较低，而转移到线下，让单身男女见面相亲，成功率显然更高，更能提升"烧白哥"这个 IP 的社交属性。如果相亲双方带着亲友团助阵，还会进一步提升 IP 的知名度。

第四，狠抓衍生品战略。

叶春城通过做火锅为他开辟了新的变现手段：培训。原来，在"烧白哥"这一品牌火爆之后，全国各地有不少粉丝慕名来到叶春城的火锅店学习技术，一年招收的学徒有五六十人，带来了一笔可观的收入。除此之外，由于叶春城始终加强和粉丝的高度黏性，IP 衍生内容越来越多，一些景区、酒企等商家都上门要求与他合作。此外，叶春城还带动更多的人进行创业，将 O2O 业务做到极致。

叶春城认为，粉丝要做的牢固，内容必须要接地气，他除了传授餐饮业的知识之外，还将自己的创业经历和生活感悟分享给粉丝，**IP 内容越来越丰富，拉近了和粉丝之间的距离**。同时，他还加入了房屋租赁、招聘工作等年轻人关注的信息，为的就是让年轻粉丝和"烧白哥"IP 产生强关系，这个策略虽然不能直接为叶春城的火锅业务引流，却提升了他和粉丝之间的信任感，只要找准机会营销就能将这些潜力粉丝转化为刚需消费者，因为叶春城的很多学员正是通过全国各地的粉丝介绍而来的，打通了"粉丝产生粉丝"的营销渠道。当然，无论怎么玩草根 IP 养成战略，叶春城都清醒地认识到，火锅不好吃，再多的花样玩法也不会有人买你的账，因为内容永远是 IP 的基础。

第十章

新媒体下的 **IP** 养成秘诀

1. 新媒体成优质 IP 的爆发渠道

现在人人都在讨论新媒体，讨论新媒体给内容创业者带来的机遇和挑战，讨论新媒体环境中个人 IP 的养成攻略，好像不谈这三个字就和时代脱节了。那么，人们口中的新媒体到底是什么呢？我们先看看最近几年诞生的几款新媒体明星产品。从它们的产出方式可以分为三种模式。

第一种模式，从内容属性爆发。

最典型的案例是罗振宇的《逻辑思维》。这个节目每周做出一个视频，构成了内容强大的自媒体 IP，吸引了不少粉丝追看和讨论，在某种程度上真正引爆了"新媒体"对时代的影响力，也让一些专业人士嗅到了其中暗藏的商机。不过，《逻辑思维》的火爆和它的营销策略关系不大，而是有着先验性的创意和内容——让罗胖替你们看书。如果没有罗振宇精妙的点评和幽默的讲述，《逻辑思维》很难抓取到受众。

第二种模式，从渠道属性胜出。

最典型的案例要属《今日头条》，如果单从内容上看，它没有《逻辑思维》那么强势的创意闪光点，它更多偏重于技术手段对自身的 IP 内容进行推广。我们可以将《今日头条》视为内容方和渠道方，走了一条"普通内容 + 强大渠道"的成功之路。由于《今日头条》本身没有新鲜的内容产出，主要是依靠合作伙伴的信息支持，所以它更看重经营渠道的能力。

第三种模式，从 UGC 中崛起。

UGC 的英文全称是"User Generated Content"，意为用户原创内容，它是伴随提倡个性化为主要特点的 Web2.0 诞生的新概念，自然它不是指具体的某种业务而是一种用户使用互联网的新方式：从原来的下载为主转化为下载和上传同步。在互联网大潮的影响下凸显网络用户的交互价值，通过用户生产内容并让用户去消费，比较典型的代表是知乎、果壳。UGC 的优势在于，**它能促使每一个网民同时扮演着生产者和消费者的双重身份的演化，能够降低 IP 原创内容的难度。**

总的来说，以上三种模式各自具有特点，不过还是存在着些许差别。比如《逻辑思维》，它是一个 IP，而其他两种模式的代表只能算作应用。罗振宇能够通过微信和微博网站等平台发布语音和视频信息，不会受到平台属性的制约，然而渠道模式和 UGC 模式就不行了，离开平台 IP 的属性会丧失，价值也会减损。由此可见，IP 和非 IP 产品对粉丝的号召力是完全不同的，个人 IP 代表着一种魅力，这种魅力可以在不同的平台进行转化和传播，能够塑造出更多衍生品。因此，不少人将罗振宇和《逻辑思维》当成一个最强 IP，尤其是在移动互联网时代，罗振宇这个 IP 充分得到了加强。反观《今日头条》和知乎，它们只是在内容的生产方式上发生了变化，并没有也不可能转化为一个 IP，因为它们无法承载人格魅力这种属性。

对比三种模式似乎可以发现，新媒体一定是在生产方式和商业模式上有所突破的媒体，否则就算不上新媒体，至多可以看成经过互联网改造的传统媒体 2.0 版本。像《今日头条》只通过技术手段就能在平台上任意传播它的信息，所以变现的模式比较单一，主要还是依赖于广告，只是在生产环节发生了改变，而知乎是利用用户 ID 的 UGC 模式营利。虽然罗振宇也是知乎上的大咖，但是他并没有通过知乎去营利，而是通过做社群和会员以及图书来变现。

个人 IP 的内容渠道化和应用化是新媒体带来的变革，它帮助一个名人建立属于自己的人格化品牌，也就是一个最强 IP。当然，这个 IP 也可以看成一个下载和上传兼容的渠道。比如罗振宇，他可以在公众号卖书和其他东西，这种营利模式就是将一个普通人进行 IP 化。当然，另外一个不可忽视的原因是，在知乎诞生之前，罗振宇的《逻辑思维》就已经开始正式运营了，这就产生了一个很尴尬的现象：社区未出生，大 V 已诞生。

个人 IP 在新媒体时代受到的恩惠很多，比如微信，罗振宇在公众号上的粉丝，都是有血有肉的粉丝，有了他们作为用户基础就能够进行商业变现。相比于知乎上的 ID 账号，显然微信上的人群更加活跃，在线率也高。当罗振宇锁定了"你身边的读书人"这个有趣的定位之后，就将个人 IP 成功打造成了一个图书导购、演说家和公知。当他的粉丝超过百万之后，个人 IP 的渠道价值就显现出来，很快策划并做出了"得到"这个 APP，不仅卖书还销售音频，俨然将自己打造成一个网络超市，兜售的商品既包含自营也囊括了第三方。

新媒体时代的个人 IP，正如罗振宇一样，能够从内容创业（IP 内容）开始，抓渠道（IP 市场）到做电商（IP 变现）。

个人 IP 的价值在于几百万的粉丝，那些粉丝给 IP 带来的是产品应用。像罗振宇这样的大咖如果出现在知乎上必定有不少拥趸，然而他却利用互联网组建了知识社群，定位的是专业问答社区。做得很垂直，现在他的套路是一步一步扩大，在这个社区范围内搞多种经营，他的粉丝们也可以根据需求在这里获得各种应用。

粉丝们需要的就是这种价值，有了价值，才能让粉丝之间充分交流和碰撞，结为朋友，而逻辑思维似乎正朝着这个方向发展，这就是新媒体时代用户对产品应用的更高要求，这种要求表达了粉丝对 IP 的核心需求，也增进了粉丝和 IP 之间的黏性。

知乎可以看成是一个新媒体应用，过去是依靠记者和编辑进行内容创作，现在依靠用户自己生成内容。而内容媒体最容易找到的变现渠道，就是跟电商合作。探索应用化，是很多个人 IP 朝着最强 IP 发展的必由之路，其难度超过了内容创业的本身。

从内容创业的热潮和持续的时间来看，很多人在进行融资，在寻找新的破局点，个人 IP 正是对这个关系的挑战。

内容创业是低成本创业，所带来的收益却可能是大收益，这就是它现在不断被热炒、升温的主要原因。在传统媒体时代，媒体平台对内容的要求不同，一本杂志和一份报纸，其面向市场上受众群体的功能性满足点是不一样的，所以会受到投资的限制。然而在新媒体时代不同，内容定位也好，受众价值也罢，这些才是投资者首先考察的因素，这也就决定了个人 IP 的发展前景存在着较大的不同。

一般来说，那些平台拓展性较强的领域，做内容创业是很难的，也少有人关注，那些垂直细分的电商领域却比较集中，也让一部分投资者对"内容付费"抱有期望，他们相信优质内容能够让用户舍得掏钱，他们更相信国内市场上至少有 2 亿中产阶级处于消费升级的状态。但是随着市场的不断成熟，人们对内容投资的逻辑变得很清晰：最基础的变现依然是广告，只有升级到高段位之后才能转化为电商的力量。比如一个名叫"卡娃微卡"的微信公众号，相关数据显示有着庞大的粉丝群，所以被 3 亿元高价收购，其中还包含着正在成熟的三、四线城市的网民，这就是新媒体时代有价值用户的潜在升级能力。

2. 内容创业的黄金时代

如今我们处于一个"内容消费升级"的时代，让不少 IP 的创造者都寻找到了方向，其中最引人注意的当属 IP 经营。很多人在探索性地寻找 IP 进行投资，随着中国影视业 40% 的速度飞快生长，不少投资者认为一个黄金时代到来，应该加大对 IP 的投入。以"BAT"为代表的互联网巨头，纷纷涉足文学、影视、动漫、游戏四大 IP 市场，内容创业者们认为春天到来了——市场和投资者都已就位。

然而一个新的问题摆在人们眼前，内容创业者到底有没有能力去创造和经营一款原创 IP？实际上对他们来说并不难。2014 年是 IP 的争夺年，2015 年是 IP 运营年，2016 年可以看成是 IP 产业化年。

内容创业者的样板是张嘉佳，他从 33 岁开始在微博上发表睡前故事，目前为止系列微博数转发量超过了 200 万次，阅读量超过了 4 亿次。随后，这些故事结集成书变成了《从你的全世界路过》，首印量达到了 20 万册，上市后被哄抢而光，并被改编成电影。可见，新媒体时代下的内容创业，一旦获得知名度其回报率是惊人的，他们很容易就打造出一款个人 IP，假设能够借鉴《微微一笑很倾城》的优势就可以产出无数衍生品，比如文学、影视、音乐等，从而构建一条完整的"泛娱乐"IP 产业链，不仅变现速度加快且盈利空间很大。

能够打造成优质影视 IP 的，一定是有着好故事的 IP，而适合打造成好游戏 IP 的，一定有粉丝基础和倾向于游戏设定的内容。无论是好故事还是有创意的设定，都是基于互联网时代背景下的传播和信息反馈：受众喜欢什么样的好故事，玩家喜欢什么样的设定，在传统媒体时代想要获得这一类的详细数据反馈是很难的。

新媒体时代，个人 IP 想要做好一个内容，只要能耐心倾听都会有所精进，这是传统媒体时代无法企及的。比如有的作者通过微博搜集平凡人的故事，开通了"全民故事计划"，很快就积累了大量的第一手素材，而且这些素材只要稍微加工，就能转化为人民群众喜闻乐见的故事 IP，这就是新媒体助力内容创业的优势所在。

内容创业将产品 IP 化是完全可行的，而且一旦形成 IP 之后，变现会更加容易，经过长期的沉淀，会吸纳越来越多的粉丝。

2015 年，IP 市场进入到最火热的时期，**不少人纷纷开始了内容创业，不过有一个问题人们似乎没有搞清楚，不是出了名的个人都能转化为最强 IP**。从内容创业的角度看，个人 IP 要具备三个因素。

首先，是能够通过内容吸纳到相同调性的死忠粉，数量不仅要多，而且这些粉丝的三观要接近；其次，粉丝乐于为 IP 的内容和衍生品买单，而不是只愿意享受免费服务下的追捧；最后，IP 内容的生命周期要长，能够让这个 IP 一代一代得以延续。像《星球大战》《变形金刚》这一类的大 IP 都是经过几代的传承和培育，并非是刚诞生时就聚敛了海量的粉丝。渠道归渠道，内容归内容，IP 不是光靠烧钱就能赋予其价值的。

个人 IP 和捧红一个明星或者一个企业品牌也不同，因为明星也好品牌也好，自由度更高，而**个人 IP 依托于内容，内容就注定要有价值观和能够接受这个价值观的群体，导致整个层级的立体化很高，所以孵化一个 IP 要比炒红一个明星难得多**。

IP 已经成为内容提供商抓住年轻网民尤其是网生一代的绝佳武器，而自媒体是孕育个人 IP 的孵化地。只要能借助互联网打造出一个最强 IP，既能提升企业和个人的知名度，又能通过 IP 的情感元素传递企业文化或是个人经历，深深地俘获粉丝的心。我们可以这样总结：粉丝有时是寂寞的，粉丝有时也是疯狂的，是选择寂寞还是疯狂，要看你提供什么样的 IP。

在一份有关 2015 年中国二次元用户的报告中发现，目前国内二次元消费者达到了 2.6 亿人，其中 97.3% 是"90 后"和"00 后"，而二次元经济的主要价值是依附于 IP 产业链的，IP 产业链成了制高点。的确，IP 经济的消费人群基本上以"80 后"和"90 后"为主的年轻群体，他们之间虽然有着差别，但都是被互联网影响较深的两代人，而且现在已经成为主流的消费人群。而他们对各大自媒体平台的关注度很高，不像老网民那样习惯去浏览三大门户网站。所以现在很多内容创业者，正是通过模拟"80 后"和"90 后"的三观，量身打造出符合他们人生经历、习惯视点的 IP 故事。

和传统营销方式相比，IP 已经脱离了简单粗暴的炒作模式，而是代表着内容制造的潮流，IP 这个概念打开了粉丝和品牌进行情感互动的桥梁，而 IP 形象凭借和粉丝的联系又产生新的故事。在这些故事里能够创造情感溢价，推进粉丝更加积极主动地接受 IP 的产品和服务，在传统营销时代几乎不可能发生这种事，然而在人人追捧自媒体 IP 的时代，这种模式已经被视作成功的标志。

未来的五到十年间，可以初步判断是 IP 经济的时代，**只要有人能够提供有价值的内容，就有机会将自己打造成为超级 IP，内容为王会成为日后网络营销的主流，而 IP 的粉丝多寡则是一个重要的口碑衡量标准。**

3. "红利消退"后的新玩法

自媒体时代的内容创业者，都将微信公众号当成主战场，他们迫切地想在这一方阵地上掘到第一桶金，然而有一部分人认为，微信的红利期已经过去，内容创业正在面临着变革和挑战。仔细想想，在微信平台上除去广告和软文之外，个人 IP 是否还有其他的变现途径？如果没有，这是否意味着内容创业走进了死胡同？于是，有不少人开始传递一个概念——下半场。

所谓"下半场"，是指和移动互联网联系最为密切的内容创业正在发生变化，很少再有人去谈自媒体，而是用内容创业来替代。

2016 年 9 月底，腾讯对微信平台进行系统升级，很快人们就发现一个奇怪的现象：曾经阅读量轻松达到"10 万＋"的公众号所推送的文章，阅读量大幅缩水，最惨的只达到了原来的几十分之一。不少人很快意识到，之前的阅读量被造假！不久，腾讯科技发文称，某公众号的一篇文章，推送时间是 9 月 28 日 23：30 左右，然而截至 9 月 29 日 10：30，阅读量只达到了 600 多，而在 9 月 26 日和 27 日推送的文章阅读量超过了 2 万多……如此大的差距已经暴露了公众号数据造假的现象，一度成为舆论谴责的焦点。也就是从这一刻开始，腾讯加大了打击微信刷量工具的力度，不少微信大咖都被曝光，并揪出了一条公众号刷量的灰色产业链。有人感叹："微信红利"已经过期！

在内容创业的领域中，内容提供者后来晋升为大咖的风潮一共经历过三个时期：博客时代、微博时代和微信时代，它们都有红利窗口期。

在博客时代，不少知名博主注册的启动时间集中在 2005 年到 2006 年，红利体现在平台流量的加剧和优质内容的不足，因此聚集了大量的粉丝，同时平台也给这些内容创业者一定的政策支持，确保他们持续产出精品。到了 2007 年之后，虽然博客依然存在，不过像韩寒这样的大博主已经没有了，紧随而来的是微博时代。

微博时代集中在 2009 年和 2010 年，博客时代的大咖几乎没有成功转移到这块阵地上的。到了 2012 年，微信时代来临，真正开启了自媒体时代。著名的罗辑思维和十点读书等大号成为受益者，他们有着优质的内容，也有着专业的运作，当然时机也非常重要。

不过现在对内容创业者来说，微信时代的红利也渐渐消散，很多用户关注的公众号变多了，但是真正点开的却很少了，而且头条的转化率都不到 10％，粉丝不仅增长缓慢甚至还出现了负增长。与此相对应的是，其他平台的崛起，比如《今日头条》、搜狐公众平台、企鹅媒体平台等，它们背后的投资者和布局人都将赌注押在了自媒体上，也带动了内容创业的良好势头。在这个阶段，个人 IP 的产出受到市场环境的变化，不能审时度势顺应潮流的会被迅速淘汰。

从宏观角度来看，微信红利时代远去，那么从微观角度来看，到底发生了哪些变化呢？

新旧媒体的最大不同是用户思维的差异，新媒体的内容创作本质上也是在生产产品和品牌，所以必须站在用户的角度去思考。传统媒体时代，无论是读者、观众还是消费者，他们都是被动，只能接受内容创作者产出的产品和服务，没有选择性和主动性，而在互联网时代和移动互联网时代，用户喜欢什么，内容创作者就应该产出什么，因此更多具有人格化的 IP 诞生了。

不能考虑到用户的变化就盲目产出内容，很难做成一个有受众基础的最强 IP，而且随着信息的多元化，消费内容面对的不是刚需，而是软需，也就是说可有可无。一部电影也好，一部小说也好，都不是受众必须要消费的。我们现在身处的是读图时代，文字的作用被降低，读者看重的是文章的叙事手法的多样化而非固定的某一种文体。

2016 年，《罗辑思维》撤资 Papi 酱一度成为新闻。罗振宇对外解释撤资是因为他们想集中精力做内容付费，比如"得到"这款 APP，罗振宇团队通过它就可以获得很多收入——图书、音像制品以及其他商品，所以不需要将过多的精力放在别处。"得到"APP 的开发和推广，不仅让罗振宇找到了一条赚钱的新通道，还在一定程度上撬动了培训和在线教育等行业的杠杆。换个角度看，罗振宇正在从内容创业转变为内容贩卖——贩卖的不仅是实体产品，也包括知识和资讯，这种模式也是社群收费中的一种，成功的案例很多。

从本质上讲，没有 IP 的内容创业是没有希望的。有了 IP，就有了流量分配权。自媒体野蛮生长的时代过去了，内容创业者们面对的是残酷的淘汰时期。红利时期一过，随之而来的就是筛选期和淘汰期，会有不少自媒体在这个阶段被淘汰出局或者苟延残喘，那么哪些自媒体能够继续留在牌桌上，甚至变大变强？

只有一个办法——打造 IP，核心的路线就是多平台布局。这个路线的确立，一方面是微信红利期已过，另外就是单一平台风险性太高，不利于内容创业者去争夺流量分配权。当然，想要避免这种竞争也不是不可能的，这需要提高准入门槛，否则各种抄袭、仿效和复制的事件发生，甚至会在抄袭者的资源优势、经验优势、资金优势等因素的影响下，超过原创者，这是非常可怕的。基于这个低门槛带来的弊端，容易让个人 IP 的成长遭遇到发展瓶颈。

著名网络军事类视频节目《军武次位面》，就是一个有特色的综艺IP，因为他们的特技十分有创意。为了区分和竞品综艺栏目的差别，制作团队从游戏公司找来高手做 3D 建模，提高了画面特效的门槛，想模仿他们的团队发掘这种做法要消耗太高的成本而且未必比他们做得好，只得放弃，所以同类节目中现在只有《军武次位面》一家。在取得了 IP 的唯一性之后，《军武次位面》只要借助资本的力量，完全可能走向垄断。

罗振宇曾经建议内容创业者不要轻易融资，这个前提是他已经赚了很多的钱，个人 IP 想要做成，还是需要投资的。有了资金的支撑，你才有更多谋划的空间和效仿者拉开距离。因此，无论是互联网企业还是实业大咖，到最后触碰的那块蛋糕都会与金融市场相关，而想玩市场和玩IP 本质上都是一样的。

内容创业者想要做好个人 IP，一定要选择好行业，有的自媒体虽然流量很大，但是行业太穷，就不会有广阔的发展前景。说得直白点，做IP 就要选择和资本最近的行业，并且一定要有变现的潜力，否则就会变成为别人打工。在内容创业的下半场，培育 IP 需要做到垂直和细分门槛。如果想要加快速度，只能借助最有实力的资本这种催化剂才有机会加快成熟。

4. 打造自媒体的"专属IP"

最近有一个叫"小乌龟"的姑娘火了，她是自媒体平台——百家号的作者，只用了不到一个月的时间就开创了本地生活类账号第一的成绩。"小乌龟"的成功秘诀就是积累自身的品牌 IP 影响力，通过原创写作的方式提升账号的知名度。从她的成功案例我们可以总结出两条经验。

第一，保持打造专属 IP 的热情。

一个专属的 IP 更具有原创性，跨界的空间也更大。"小乌龟"的走红和她的 IP 经营策略不无联系，她十分重视 IP 的持续影响力，因为她的很多粉丝都认可她的创作风格，而这正是每一个 IP 原创者的积累品牌 IP 的前提，只做属于自己的东西，才更容易从宏观上掌控。"小乌龟"写的很多都是成都当地的生活类文章，和粉丝保持着经常的良好的互动，让百家号这个平台能够捕捉到一些新媒体的资讯，从而提高了粉丝的黏性和个人 IP 的影响力。

专属 IP 的一个重要前提是坚持原创，这也是内容创业的不二法则，即使没有足够强大的原创能力，能够结合他人的东西进行改造升华，也是一种原创，当然这个基础是你要选对符合粉丝需求的内容，只有对了受众的胃口才有吸引力。**一个 IP 原创者只有坚持写文章，才是对读者的尊重，也是对自身的一种鞭策和勉励。**

第二，找一个专属的平台。

平台和平台的属性和风格是不同的，有的平台偏重于毒舌吐槽，有的平台偏重于心灵慰藉，而每一个 IP 原创者的能力和风格不尽相同，选错了一个平台很可能遭到埋没。

首先，内容创业者应该向多个平台分发内容，因为在这个时期你还不能确定未来遵循的套路是什么，所以广泛撒网变得尤为重要，而越是优质的内容越应该被更多的人看到才有 IP 变现的潜能。当你锁定了一个平台之后，接下来需要的就是数据分析，作为内容创业者不能自顾自生产内容，除了要跟粉丝互动之外，还要实时和平台进行沟通，从平台那里获得准确的数据，了解自己的内容在市场上的关注度和影响力，甚至要总结试错经验。

其次，一个聪明的内容创业者要学会和平台一起成长，贡献自己的策略，因为平台和生产者站在两个角度，一个面向市场规律和行业背景，一个面向受众群体和内容本身，只有将两个角度有机地结合到一起，才能对 IP 做出最准确的判断。比如小乌龟就经常向她所在的平台分享有关本土化运作的策略，其中包含了活动策划、粉丝获取、日常管理等，通过这些手段将一个平台做活做大，双方都能获得收益。

内容创业是一条很漫长曲折的道路，个人 IP 的经营会面对很多复杂问题，因此学会依靠平台和平台同步发展，才是自媒体 IP 的经营之道。作为内容创业者，应该具有大局观念，更应该认识到现在是一个自媒体利好的时期，有三个特征可以佐证。

第一，自媒体被互联网行业所认可。

过去很多科技公司发布会的邀请函当中，只会邀请传统媒体，现在哪个发布会也不会忘记自媒体，否则很难说自己和互联网成功接轨了。

第二，自媒体商业化。

自媒体刚出现时，一些内容创业的运营者根本不知道自己应该报价多少钱，甚至不好意思谈钱，随着自媒体联盟的创建和发展，很多内容创业者认识到了他们创造的 IP 价值。

第三，自媒体人成为一个职业。

过去做自媒体很多人是出于兴趣，几乎很少有人把它当作一个事业来做，而现在自媒体人赚钱的越来越多，已经完全可以养活自己，职业化的内容创业让 IP 的变现更具可能性。

认清了这三个特征之后，**内容创业者还应该清楚，现在自媒体平台逐渐增多，内容创业者增多，商业化的手段丰富多样……这都预示着一个黄金时代的来临，然而我们不能忽视还有短板存在。**

第一，内容产生的短板。

很多自媒体人都头疼，一到内容更新的时候就大脑空空，因为一个人长期做内容输出迟早会有枯竭的一天，如何能维系高质量高数量的输出，是内容创业无法回避的现实问题。目前来看，最好的解决办法就是团队化方式和众包的方式运作。

第二，微信公众号的阅读量短板。

由于打着自媒体账号的公众号越来越多，导致微信公众号的打开率降低，加之一些自媒体的内容质量很差，因此不少用户接受这些信息的欲求降低，这是整个行业遭遇的瓶颈。由于大家发出的信息太多并且大量重复，导致了信息的过载，这对自媒体平台来说是很可怕的，因为泛滥的信息会流失用户，而盲目的筛选和删除也会让内容创业者失去信心。一旦经营失策，就会陷入传统媒体的马太效应中：**火爆的自媒体越来越火爆，冷清的自媒体迅速灭亡。**

第三，自媒体资源稀缺的短板。

现在很多知名的自媒体供需关系失衡，导致不少自媒体的报价虚高，对行业的影响就是难以得到准确的价值评估，一些投资行为变得更加谨慎。

无论从哪个角度看，目前的自媒体时代还是适合个人 IP 的生产和营销。但现实的问题是，做一个小 IP 容易，做一个超级 IP 就需要花费心思和精力。一个成熟的个人 IP，一定能跨越到各个平台，通过各种形式存在，比如文字和视频等，这样才能进入到 IP 商业化的运营正规，才能得到资本市场的关注。

第四，自媒体放大效应的短板。

和传统媒体不同，自媒体会导致事件后的集体炒作，从而产生聚焦效果，由于掌握的一手资料不多且缺乏深入调查时间的能力，因此大量的自媒体会在事件发生后进行集体炒作，会形成一种正确或错误的舆论导向。从这个角度看，自媒体非但没有实现去中心化，反而因关注热点而形成了中心化，让其他更有价值的信息偏离受众观察的视野。这种铺天盖地的言论自由，会产生意想不到的后果。

打造内容创业者的"专属IP"，本质是为了增强IP原创者和原创内容的黏着度，只有产出和反哺两个节点形成闭环，才能促进IP营销进入良性循环的体系中，确保IP核心价值的保有和延续。

5. 传统媒体进化论

互联网时代，几乎每天都会诞生一些新的网络词汇，这些词汇不仅被网民们用来调侃和交流，更是反映了一些时代特征。比如最近几年诞生的"分享经济"和"懒人经济"这两个词，恰恰反映了传统媒体的生存策略已经被市场的丛林法则淘汰，内容不再是某个传媒平台的专属，会悄无声息地流入更广大的受众群体中。作为内容创业者要明确一个现状：传统媒体时代的生存方式和竞争手段很多都已经失效了。如何才能完成传统媒体转为新媒体的质变，如何满足当下受众对IP内容的需求，事关自媒体运营成败的关键。

简单来说，要创造一个独特、丰富和有内涵的自媒体内容，对你的IP进行精细化处理，才能满足粉丝们的多样化的需求。

不管是传统媒体还是自媒体，本质上都是经过内容移植形成的，只是在互联网的背景下有了新的客户端和平台，其中的套路也是大同小异，都是做差异化的内容，走精品化的路线，然而长期的市场竞争告诉**我们：越是这种常规性的竞争手段，越难以让竞争者之间迅速分出高下，反而会陷入彼此相似的状态中，自媒体和自媒体之间也难以形成有**

效的阻隔。

对于一个成功的内容创业者来说，最核心的竞争力还是阅历，就拿家喻户晓的四大名著来说，有人喜欢《西游记》，有人喜欢《水浒传》，也有人喜欢《红楼梦》。每个人都有对一部名著的喜欢缘由，他们也对每一部名著中的人物和故事了如指掌并渗透了自己的看法。假设一个内容创业者能够将同样的内容诠释出不同的文化内涵，那就像一个厨师用普通的食材烹制出了另类的美味，自然会吸引到一批粉丝和资本的青睐。

阅历决定了粉丝的取向，以《三国演义》为例，年轻时看的是武将之间的打斗和那些灵异的做法，到了中年看的是权力的斗争和人性的真相，到了老年就变成了万梦皆空的境界。同样对其他 IP 来说也是如此，即使有着相同的内容，但是在不同的创作者的塑造下，所吸引到的粉丝层次、粉丝数量和粉丝黏性都会不同，这就是内容创业者击败竞品 IP 的关键。

一个好的传媒平台不会单枪匹马地埋头苦干，而是会在营销推广的同时积极和其他媒体进行合作，进行从文字到视频、音频以及其他媒体形式的跨界运作，只有这样才能反映出一个自媒体平台打造 IP 的决心。完善的平台不仅是让自己成为创造者和经营者，还会是一个 IP 市场的决策者和发现者，只有不断通过内容挖掘和媒介推广，才能建立属于自己的一块阵地。对于这样的创作思考，我们可以想象在未来"人人皆媒体"的时代，因为个体的不同会产出千千万万个精品化 IP 内容，这是互联网时代下残酷竞争的产物，同时也是媒体行业甚至文化产业的福祉。

如今这个自媒体爆发的时代，平台的数量相当之多，多到让人产生了选择困难症。但是只要你认真筛选就会发现，那些愿意整合各种资源去推荐一个自媒体的平台才是好平台，至于平台背后的实力，只能作为一个参考资料，**因为一旦有好的 IP 内容诞生，资本市场自然会随之**

而来。

对于内容创业者来说，有三个问题需要注意。

第一，要解决抄袭问题。这和平台对抄袭行为的打击力度有关，因此一个创业者一定要选择能够站在自媒体IP利益的角度考虑才行，否则辛苦创作的文章被无情地复制，会损害原创的动力和信心，也会导致大量内容雷同的文章出现，引起用户的茫然和反感。

第二，保证足够的推荐数量。一个平台能否获得长足的进步，势必要依赖旗下的内容创业者的质量和数量，如何打造属于自己平台的超级IP，**需要给予有人气和有潜力的内容创业者足够的曝光度，缺乏足够的推荐力度和诚意，都是对孕育中的IP施加的打击。**

第三，建立专项扶持IP的政策。

和第一、第二条相比，建立专项扶持政策是一个长期的战略方针，打击抄袭和增加推荐数量，或许只能将其看成平台为保证自身粉丝忠诚度的运营策略，还不能反映出他们是否有意向培植一个IP发展壮大的计划。只有进行科学合理的专项IP扶持政策，才能真正留住有变现能力的自媒体IP，这也可以看成是全行业需要解决的难题。

有一个不争的事实摆在所有内容创业者和传媒平台面前，那就是作者和粉丝经过互联网时代的洗礼已经成为平行关系，这种关系增强了双方之间的互动和沟通，但也消除了自媒体的话语权优势。和传统媒体时代不同，一本杂志一份报纸往往代表着一种话语权，读者们通常是不会产生反驳的念头，更没有反驳的通道，而作者本人也无法准确得知读者的反馈，那种读者见面会和市场调研，效果也是微乎其微，成为了很多资深媒体人的最大痛点。

到了自媒体时代，这种情况发生了巨大的变化，死忠粉对优质内容的二次创造有着至关重要的作用，一个成功的内容创业者，同时也是一个优秀的粉丝经营者，**仅仅能写出好的作品是不够的，还需要用作品来赢得粉丝的心才行，只有密切和粉丝之间的沟通，认真听取他们的建议**

和意见，才能不断完善和充实 IP 内容。

不少超级的公众号，都会花费大量的时间回复粉丝的留言，这是一项极其费力的工作，但是效果不很明显的，它增强了自媒体和粉丝之间的情感联系，也能收到粉丝的反馈，让内容更加精致和完善。需要内容创业者注意的是，在自媒体平台要谨慎使用三种套路去吸粉，如果不慎使用可能会适得其反。

第一种，走"标题派"党的套路。

由于内容和标题的差异化较大所以在标题上做文章，是一种忽悠用户的做法，它的弊端是会引起受众的反感，但是在短时间内吸引流量十分有效，属于"一次性"用法。

第二种，走"分享"的套路。

这是为了制造转发率而采用的一种老办法，比如只有关注才能查看、只有转发才能查看的文章。虽然在过去有些效果，但是随着微信监管和技术手段的进步，这种套路受限越来越多，只是有些人加以改良，通过公益和捐款名义继续吸纳用户。

第三种，走"暴露尺度"的套路。

监官部门的打黄扫非，历来出重手，即使非色情，走"暴露尺度"，想绕过监管，力主营销效果明显，但也是各大传媒平台长期打击的对象。不过从目前的市场环境来看，这种套路是越打击越难以收敛，而且总能在人们不注意的时候成为爆炸性的话题，难怪有人用"暴露超尺度"来描述它的存在。

从目前互联网的营销案例来看，粉丝经济是根本的推动力，在互联网价值被日益放大的前提下，流量变成了一种稀缺资源，当流量聚集到了一定规模时就会成为粉丝经济。为了确保粉丝经济获得利益的最大化，IP 的原创者和运营者一直在探索和完善相关的营销策略。

现在的自媒体平台最终是通过粉丝经济作为输出，所以当内容含量达到一定程度之后，粉丝自会对内容价值进行筛选，在这个过程中会让那些滥竽充数的信息输出被淘汰。在粉丝经济大行其道的当下，粉丝们正在从内容的拥护者转变为价值的监督者。

属于自媒体的黄金时代已经开始，但还没有达到火爆的至高点，这是因为经历了一波三折的演变过程，让不少用户对 IP 的价值会更加理性地看待，同时资本市场也不会盲目投资于某一个 IP，不会像 IP 元年时期的随手乱抓。至于内容创业者们，他们会为了实现自我的 IP 价值，对内容产出进行更加深度的优化，不仅要跟风热点，更要让用户发现热点背后的真相。在这个全民都是自媒体的阶段，必要时可以通过人工干预的办法，让自媒体平台的演进过程更加科学，从而创造出最有价值的粉丝经济。

对于常年在传统媒体平台创作内容的人来说，如果你向新媒体"进化"，就要学会新媒体语境下的表达方式：首先，要改善自己的文风，那种传统书报杂志的写作风格，已经不适合当下文化快餐、浅阅读的时代特征；其次，必须要做自己最擅长的内容，万不可盲目跟风，否则会画虎不成反类犬；最后，要懂得坚持，因为一个自媒体 IP 的孕育需要时间，而粉丝对自媒体的肯定也需要时间，一味地急功近利，只会让自己的 IP 在没有开花之前就凋零。

自媒体时代属于群雄并起的时代，必须利用自身的独特阅历和经历乃至思维模式，才能在众多的自媒体中占据重要地位。传统媒体的从业者和平台，可以向新媒体进化，也可以寻求合作方式，无论走哪条路，都要重视 IP 对媒体平台和个人的影响，不是 IP 改变了时代，是新时代造就了 IP。